form
# 从零开始学法律

## 残疾人法律常识88问

曾怡 著

中国法制出版社
CHINA LEGAL PUBLISHING HOUSE

## 图书在版编目（CIP）数据

从零开始学法律. 残疾人法律常识 88 问 / 曾怡著. -- 北京：中国法制出版社，2025.1
ISBN 978-7-5216-4302-2

Ⅰ. ①从… Ⅱ. ①曾… Ⅲ. ①法律－基本知识－中国 Ⅳ. ① D920.4

中国国家版本馆 CIP 数据核字（2024）第 049083 号

策划 / 责任编辑：成知博（chengzhibo@zgfzs.com） 　　封面设计：杨鑫宇

**从零开始学法律. 残疾人法律常识 88 问**
CONG LING KAISHI XUE FALÜ. CANJIREN FALÜ CHANGSHI 88 WEN

著者 / 曾怡
经销 / 新华书店
印刷 / 三河市国英印务有限公司
开本 / 880 毫米 ×1230 毫米　32 开　　　　　　印张 / 7　字数 / 71 千
版次 / 2025 年 1 月第 1 版　　　　　　　　　　2025 年 1 月第 1 次印刷

中国法制出版社出版
书号 ISBN 978-7-5216-4302-2　　　　　　　　　　　　　　定价：29.80 元

北京市西城区西便门西里甲 16 号西便门办公区
邮政编码：100053　　　　　　　　　　　　　　传真：010-63141600
网址：http://www.zgfzs.com　　　　　　　　编辑部电话：010-63141809
市场营销部电话：010-63141612　　　　　　　印务部电话：010-63141606
（如有印装质量问题，请与本社印务部联系。）

# 目录 Contents

## 一、残疾人权益保障概述

**第1问**
与残疾人密切相关的法律文件有哪些? _003

**第2问**
哪些人是法律意义上的残疾人? _006

**第3问**
残疾人的权利与普通人有无不同? _007

**第4问**
残疾人如何承担法律责任? _008

**第5问**
如何从法律层面推动残疾人保障事业发展? _011

**第6问**
中国残疾人联合会是一个什么机构? _013

**第7问**
《民法典》针对残疾人联合会有哪些特别规定? _015

**第8问**
如何获取与残疾人相关的法律专业知识、技能? _017

### 第9问
残疾人被他人侵犯人格尊严应当怎么办? _019

### 第10问
残疾人的合法权益受到侵害应当怎么办? _021

### 第11问
残疾人通过诉讼维权时,可以获得哪些支持? _023

### 第12问
残疾人如何获得法律援助? _025

## 二、残疾预防和残疾人康复

### 第13问
什么是残疾预防?残疾预防应从哪些方面入手? _029

### 第14问
什么是残疾人康复? _032

### 第15问
对残疾人的康复工作有哪些要求? _033

### 第16问
国家与社会对残疾人康复工作的职责是什么? _035

### 第17问
残疾人如何获得政府提供的康复服务? _037

### 第18问
购买残疾辅助器具后厂家服务不到位,应当如何维权? _039

**第 19 问**
什么是强制医疗? _041

## 三、残疾人受教育权利

**第 20 问**
残疾人有平等接受教育的权利吗? _045

**第 21 问**
我国关于残疾人平等受教育权的具体规定有哪些? _047

**第 22 问**
如何保障残疾人的受教育权利? _053

**第 23 问**
如何保障残疾幼儿在学前教育阶段的权益? _055

**第 24 问**
如何保障残疾儿童、少年在义务教育阶段的权益? _057

**第 25 问**
如何保障残疾人在职业教育阶段的权益? _059

**第 26 问**
如何保障残疾人在普通高级中等以上教育及继续教育阶段的权益? _060

**第 27 问**
担任专门从事残疾人教育工作的教师需满足哪些条件? _062

**第 28 问**
为残疾师生提供无障碍环境有哪些具体要求? _064

**第29问**
国家、社会、学校和家庭对实施残疾人教育有哪些职责? _066

**第30问**
教育机构拒不接收或者变相不接收残疾学生入学应当怎么办? _068

**第31问**
残疾学生在学校遭受歧视该怎么办? _070

## 四、残疾人劳动就业

**第32问**
残疾人就业的制度保障主要有哪些? _075

**第33问**
用人单位在残疾人的劳动就业方面有哪些责任? _083

**第34问**
国家在残疾人劳动就业方面有哪些保障措施? _086

**第35问**
国家在残疾人劳动就业方面提供哪些服务? _088

**第36问**
残疾人找工作时遭受歧视该怎么办? _090

**第37问**
残疾人在工作中遭受歧视该怎么办? _092

**第38问**
公司扣留残疾人证合法吗? _094

# 目录

**第 39 问**
公司以隐瞒残疾人证为由解除合同，应当怎么办？　_095

**第 40 问**
残疾人怀孕，单位要解雇应当怎么办？　_098

**第 41 问**
因工致残，还能保住工作吗？　_100

**第 42 问**
上下班途中受伤致残，公司应当承担责任吗？　_102

**第 43 问**
吸纳残疾人就业的单位和个体工商户享受税收优惠的基本条件有哪些？　_104

**第 44 问**
国家对残疾人个体劳动者有什么优惠政策？　_106

**第 45 问**
残疾人主要的就业渠道有哪些？　_108

**第 46 问**
残疾人遇到就业困难，可以向哪些部门、机构和组织求助？　_110

**第 47 问**
残疾人能开网约车赚钱养家吗？　_112

**第 48 问**
盲人开设盲人医疗按摩所应遵循哪些要求？　_114

005

## 五、残疾人文化生活权利

### 第49问
残疾人在文化生活上的权利与其他人是平等的吗？　_119

### 第50问
残疾人在体育发展方面能获得哪些保障？　_121

### 第51问
残疾人发挥自身体育特长的途径有哪些？　_123

### 第52问
政府和社会可以采取哪些措施丰富残疾人的精神文化生活？　_125

### 第53问
影视节目中丑化残疾人形象应当怎么办？　_128

### 第54问
未经著作权人许可，向不特定用户提供无障碍电影在线播放服务是否合法？　_130

### 第55问
精神残疾人在直播平台充值打赏能撤回吗？　_134

## 六、残疾人社会保障

### 第56问
宪法和法律对残疾人社会保障主要有哪些规定？　_139

### 第57问
残疾人参加社会保险有哪些要求？　_141

**目录**

**第58问**
残疾人如何获得社会救助? _142

**第59问**
如何救助在公共场所乞讨的残疾人? _144

**第60问**
什么是残疾人供养、托养? _146

**第61问**
残疾人在社会生活方面享有哪些优待? _149

**第62问**
残疾人异地乘坐公交被拒,如何依法维权? _151

**第63问**
什么是残疾人两项补贴? _153

**第64问**
国家在发展残疾人慈善事业方面承担哪些社会责任? _156

**第65问**
具有助残公益性质的赠与能否撤销? _158

**第66问**
社会工作者如何在残疾人的社会保障方面发挥积极作用? _160

**第67问**
见义勇为致残后可以得到哪些特别保障? _162

**第68问**
对残疾军人主要有哪些抚恤政策? _165

### 第 69 问
对残疾退役军人主要有哪些特殊保障措施？ _167

## 七、无障碍环境建设

### 第 70 问
什么是无障碍环境？ _171

### 第 71 问
无障碍设施建设主要有哪些要求？ _173

### 第 72 问
无障碍信息交流主要有哪些要求？ _175

### 第 73 问
无障碍社会服务主要有哪些要求？ _177

### 第 74 问
无障碍环境建设应当采取哪些保障措施？ _179

### 第 75 问
盲人携带导盲犬出入公共场所，有哪些具体规定？ _181

### 第 76 问
盲道被占用应该怎么办？ _184

## 八、残疾人一般民事权益保障

### 第 77 问
《民法典》对助残有哪些具体规定？ _189

**目录**

**第78问**
残疾人的监护人负有哪些职责? ___191

**第79问**
监护人能私自处分其所监护的残疾人的财产吗? ___193

**第80问**
残疾人能申请更换监护人吗? ___195

**第81问**
残疾人被他人冒充签署合同应当怎么办? ___197

**第82问**
残疾人姓名被盗用,导致无法享受残疾人待遇该怎么办? ___199

**第83问**
残疾人的父母能随意干预残疾子女的婚姻吗? ___201

**第84问**
残疾人遭受家庭暴力应当怎么办? ___204

**第85问**
残疾人将子女送养的要求是什么? ___206

**第86问**
收养残疾未成年人的要求是什么? ___208

**第87问**
子女可否因残疾父母未曾尽抚养义务而拒付赡养费? ___210

**第88问**
残疾人在继承遗产时能得到特殊照顾吗? ___212

# 一、残疾人权益保障概述

### 拓展延伸

《民法典》被称为"社会生活的百科全书",是新中国第一部以法典命名的法律,在法律体系中居于基础性地位,也是市场经济的基本法。《民法典》共7编、1260条,各编依次为总则、物权、合同、人格权、婚姻家庭、继承、侵权责任,以及附则。2020年5月28日,第十三届全国人民代表大会第三次会议表决通过了《民法典》,自2021年1月1日起施行。

# 一、残疾人权益保障概述

## 第1问

## 与残疾人密切相关的法律文件有哪些？

我国非常重视发挥法律制度治理社会的作用，尤其重视运用制度建设，维护弱势群体的合法权利，逐步完善了关注弱势群体的法律体系。目前，我国已经形成以《残疾人保障法》为核心的保障残疾人权益的法律体系。

**一、《残疾人保障法》**

这部法律于1990年12月28日经第七届全国人民代表大会常务委员会第十七次会议通过，后于2008年4月24日修订、2018年10月26日修正。

这部法律是保障残疾人权益最主要的规范性文件，是为了维护广大残疾人的合法权益，发展残疾人事业，保障广大残疾人平等充分地参与社会生活，共享社会物质文化成果，根据《宪法》而制定的。它是我国制定的专门保障残疾人权益的基本法，是我国各项残疾人保障工作开展的基本遵循之一。

**二、《无障碍环境建设法》**

这部法律于2023年6月28日经第十四届全国人民代表大会

常务委员会第三次会议通过，自2023年9月1日起施行，共八章，分别为总则、无障碍设施建设、无障碍信息交流、无障碍社会服务、保障措施、监督管理、法律责任和附则。

这部法律中的无障碍环境建设，是保障残疾人、老年人等群体平等、充分、便捷地参与社会生活，促进全民共享经济社会发展成果的一项重要工作，对于促进社会融合和人的全面发展具有重要意义。

### 三、《残疾预防和残疾人康复条例》

这部条例于2017年1月11日经国务院第161次常务会议通过，后于2018年9月18日修正。

这部条例是为了预防残疾的发生，减轻残疾程度，帮助残疾人恢复或者补偿功能，促进残疾人平等、充分地参与社会生活，发展残疾预防和残疾人康复事业而制定的。

### 四、《残疾人教育条例》

这部条例于1994年8月23日经国务院令第161号发布，后于2011年1月8日、2017年1月11日两次修订。

这部条例是为了保障残疾人受教育的权利，发展残疾人教育事业而制定的。条例规定，残疾人教育是国家教育事业的组成部分，国家保障残疾人享有平等接受教育的权利，禁止任何基于残疾的教育歧视。

# 一、残疾人权益保障概述

## 五、《残疾人就业条例》

这部条例于2007年2月14日经国务院第169次常务会议通过，自2007年5月1日起施行。

这部条例是国家为了促进残疾人就业，保障残疾人的劳动权利而制定的。条例规定，国家对残疾人就业实行集中就业与分散就业相结合的方针，促进残疾人就业，扶持残疾人就业是机关、团体、企业、事业单位和民办非企业单位等用人单位的责任和义务。

## 六、《无障碍环境建设条例》

这部条例于2012年6月13日经国务院第208次常务会议通过，自2012年8月1日起施行。

这部条例旨在创造无障碍环境，保障残疾人等社会成员平等参与社会生活。为便于残疾人等社会成员自主安全地通行道路、出入相关建筑物、搭乘公共交通工具、交流信息、获得社区服务，全社会应当积极地开展无障碍环境建设活动。

当然还有很多为了保障残疾人权益而制定的法律文件，它们与前面介绍的法律法规共同组成系统性保障残疾人权益的制度堡垒，在保障残疾人权益的方方面面发挥着积极作用，为共同关心、关爱残疾人构建起庞大的法律保障体系。

## 第2问

## 哪些人是法律意义上的残疾人？

国家对残疾人在很多方面有倾斜性保护，如受教育和劳动就业等。那么，如何判断一个人是否为法律意义上的残疾人？

《残疾人保障法》第2条第1、2款规定，残疾人是指在心理、生理、人体结构上，某种组织、功能丧失或者不正常，全部或者部分丧失以正常方式从事某种活动能力的人。残疾人包括视力残疾、听力残疾、言语残疾、肢体残疾、智力残疾、精神残疾、多重残疾和其他残疾的人。目前残疾评定标准为国家标准《残疾人残疾分类和分级》（GB/T 26341—2010）。

另外，根据《残疾人证管理办法》的规定，残疾人证也是认定残疾人及其残疾类别、残疾等级的合法凭证，是残疾人依法享有国家和地方政府优惠政策的重要依据。

所以，残疾人如果想要更加方便、快捷地享受国家和地方政府关于残疾人的各项优惠政策，可以遵循自愿、属地管理的原则，向自己户口所在地县级残联部门提出办证申请。

一、残疾人权益保障概述

## 第3问

## 残疾人的权利与普通人有无不同？

《残疾人保障法》第3条第1款明确规定，残疾人在政治、经济、文化、社会和家庭生活等方面享有同其他公民平等的权利。法律之所以特别强调这一点，是因为残疾人在实际生活中实现自身权利的条件与普通人存在差异。因此，需要制定专门针对残疾人的特殊法律法规，以确保他们能与普通人站在同一起跑线上，更好地维护残疾人的合法权利。

除专门立法外，宪法和一些综合性法律对残疾人的权利也作出了规定。

《宪法》第45条第2、3款规定，国家和社会保障残废军人的生活，抚恤烈士家属，优待军人家属。国家和社会帮助安排盲、聋、哑和其他有残疾的公民的劳动、生活和教育。

《民法典》第128条规定，法律对未成年人、老年人、残疾人、妇女、消费者等的民事权利保护有特别规定的，依照其规定。第1041条第3款规定，保护妇女、未成年人、老年人、残疾人的合法权益。

# 第 4 问

## 残疾人如何承担法律责任？

日常生活中，我们经常会听到"某人因为做了……，要承担……法律责任""禁止……，否则将承担……法律责任"等说法。那么，什么是法律责任？

一般来说，法律责任是指责任主体因为违反了法定义务或者约定义务，由其承担的不利后果。根据日常生活中违法行为所违反的法律性质分类，法律责任可以分为民事责任、行政责任和刑事责任。

### 一、民事责任

在日常工作或者生活中，我们可能会遇到形形色色的民事纠纷，如买房后开发商没有按时交房，开车时不小心撞到别人的车，借出去的钱对方迟迟不还，等等。与这些民事纠纷相对应的法律责任就是民事责任。

《民法典》是保护民事主体合法权益、调整民事关系、确定民事责任的一部基本民事法律规范，我们日常遇到的很多事情与《民法典》息息相关。

一、残疾人权益保障概述

《民法典》规定，民事主体依照法律规定或者按照当事人约定，履行民事义务，承担民事责任。承担民事责任的方式主要有赔偿损失、支付违约金、消除影响、恢复名誉、赔礼道歉等。

与普通人一样，残疾人在违反法律规定或者违背与他人的约定时，同样需要承担相应的民事责任。

**二、行政责任**

有些人可能会混淆行政责任与刑事责任。例如，当一个人因违反《治安管理处罚法》而被公安机关行政拘留时，一些不了解具体情况的人可能会误以为此人是因为被判刑才被关押。实际上，行政责任与刑事责任之间存在显著区别：刑事责任针对的是犯罪行为，即那些具有严重社会危害性、违反刑法规定并依法应当受到刑罚处罚的行为；而行政责任针对的是一般违法行为，这些行为尚未达到犯罪的严重程度，但违反了行政管理秩序或行政法规定。

承担行政责任的方式主要包括行政处罚和行政处分两种形式。行政处罚包括警告、通报批评，罚款、没收违法所得、没收非法财物，暂扣许可证件、降低资质等级、吊销许可证件，限制开展生产经营活动、责令停产停业、责令关闭、限制从业，行政拘留等。行政处分只适用于国家工作人员，此处不再赘述。

对于残疾人而言，在某些特殊情形下，会因其特殊情况，免予承担或者承担较轻的行政责任。例如,《行政处罚法》第31条规定,精神病人、智力残疾人在不能辨认或者不能控制自己行为时有违法行为的,不予行政处罚,但应当责令其监护人严加看管和治疗。间歇性精神病人在精神正常时有违法行为的,应当给予行政处罚。尚未完全丧失辨认或者控制自己行为能力的精神病人、智力残疾人有违法行为的,可以从轻或者减轻行政处罚。

**三、刑事责任**

刑事责任是指违反刑事法律规范所应当承担的法律责任。我们在日常生活中了解到的某人因为犯了什么罪,被法院判了多少年的刑,这里的罪与刑,就是法律责任类型中的刑事责任。《刑法》明确规定,故意犯罪的,应当负刑事责任;过失犯罪的,在法律有规定的情形下,才应当负刑事责任。因此,残疾人在构成犯罪时也要承担相应的刑事责任,只是其应承担的刑事责任与普通人略有不同。

例如,《刑法》明确规定,精神病人在不能辨认或者不能控制自己行为的时候造成危害结果,经法定程序鉴定确认的,不负刑事责任;尚未完全丧失辨认或者控制自己行为能力的精神病人犯罪的,应当负刑事责任,但是可以从轻或者减轻处罚;又聋又哑的人或者盲人犯罪,可以从轻、减轻或者免除处罚。在上述规定中,《刑法》就明确规定了精神病人以及又聋又哑的人或者盲人在犯罪时与其他人在承担刑事责任上的区别。

# 一、残疾人权益保障概述

## 第5问

## 如何从法律层面推动残疾人保障事业发展？

我国在残疾人事业的立法保障方面已经比较完备，但是法律的生命力不仅表现在书面上，更应该表现为在推动残疾人保障事业发展的过程中对这些规定的实施和执行。

例如，《残疾人保障法》第59条规定，残疾人的合法权益受到侵害的，可以向残疾人组织投诉，残疾人组织应当维护残疾人的合法权益，有权要求有关部门或者单位查处。有关部门或者单位应当依法查处，并予以答复。残疾人组织对残疾人通过诉讼维护其合法权益需要帮助的，应当给予支持。残疾人组织对侵害特定残疾人群体利益的行为，有权要求有关部门依法查处。第60条规定，残疾人的合法权益受到侵害的，有权要求有关部门依法处理，或者依法向仲裁机构申请仲裁，或者依法向人民法院提起诉讼。对有经济困难或者其他原因确需法律援助或者司法救助的残疾人，当地法律援助机构或者人民法院应当给予帮助，依法为其提供法律援助或者司法救助。

又如，《残疾预防和残疾人康复条例》第32条规定："地方各级人民政府和县级以上人民政府有关部门未依照本条例规定履行残疾预防和残疾人康复工作职责，或者滥用职权、玩忽职守、徇私舞弊的，依法对负有责任的领导人员和直接责任人员给予处分。各级残疾人联合会有违反本条例规定的情形的，依法对负有责任的领导人员和直接责任人员给予处分。"

将保护残疾人权利的法律规定切实转化为实际行动，离不开全体社会成员的携手努力，更依赖于肩负相关职责的残疾人保护组织和相关部门的扎实工作。唯有如此，才能将法律条文从纸面转化为实实在在的行动，确保残疾人能够真切地感受到法律的温暖与关怀。

一、残疾人权益保障概述

## 第6问

## 中国残疾人联合会是一个什么机构？

中国残疾人联合会，简称中国残联，是国家法律确认、国务院批准的由残疾人及其亲友和残疾人工作者组成的人民团体，是全国各类残疾人的统一组织。中国残疾人联合会的宗旨是：弘扬人道主义思想，发展残疾人事业，促进残疾人平等、充分参与社会生活，共享社会物质文化成果。

中国残疾人联合会具有代表、服务、管理三种职能：代表残疾人共同利益，维护残疾人合法权益；团结帮助残疾人，为残疾人服务；履行法律赋予的职责，承担政府委托的任务，管理和发展残疾人事业。

中国残疾人联合会的工作广泛覆盖了残疾人事业的各个领域，其中与残疾人日常生活关系密切的主要包括以下方面：

一是残疾人组织建设。如调查残疾人状况，管理和发放残疾人证；联络、教育、培养、表彰残疾人；指导基层和社区残疾人工作，组织志愿者助残活动。

二是残疾人维权。如配合有关部门做好法律工作人员的培训和普法宣传工作，为残疾人提供法律援助和服务；负责残疾人的来信来访工作，负责无障碍设施建设的推进工作。

三是残疾人康复。如组织制订和实施残疾人康复工作计划；指导和协调残疾人康复机构的业务工作；指导残疾人辅助器具开发、供应、服务；推广高新科技成果在康复领域的应用；开展残疾预防工作；指导残疾人康复协会工作，开展学术交流；组织康复人才培训。

四是残疾人教育就业。如促进残疾人教育，开展残疾人职业培训；负责盲文、手语的研究与推广。协助有关部门制订残疾人劳动就业工作计划，指导残疾人组织兴办残疾人福利企业，组织实施残疾人按比例就业；负责残疾人劳动服务网络的建设与工作。组织实施残疾人专项扶贫；协助有关部门开展残疾人社会保障工作。

五是残疾人体育。如指导并开展残疾人群众性体育活动，协助配合有关部门和单位承办重大国际残疾人体育赛事。

# 一、残疾人权益保障概述

## 第 7 问

## 《民法典》针对残疾人联合会有哪些特别规定？

**案例**：甲早年因工作致残，因为未能拿到足额的赔偿，在回家后，导致情绪不稳定，经常胡言乱语，精神错乱，被医院诊断为精神分裂症，因其无家人，甲所在地的残疾人联合会得知后，向法院申请认定其为限制民事行为能力人并指定监护人，以维护其合法权益。如果后续甲治疗得当，病情有所恢复或者好转，为了让其更好地行使自身的权利，其所在地的残疾人联合会依然可以向法院申请恢复其为完全民事行为能力人。

日常生活中存在不能辨认或者不能完全辨认自己行为的成年人，因为自身的原因无法向法院申请认定其为限制民事行为能力人或者无民事行为能力人，导致无法保障自身合法权益。法律赋予残疾人联合会向法院申请认定其为无民事行为能力人或限制民事行为能力人的权利，可以更好地保障该残疾人的合法权益。

《民法典》第24条规定："不能辨认或者不能完全辨认自己行为的成年人，其利害关系人或者有关组织，可以向人民法院申请认定该成年人为无民事行为能力人或者限制民事行为能力人。

被人民法院认定为无民事行为能力人或者限制民事行为能力人的，经本人、利害关系人或者有关组织申请，人民法院可以根据其智力、精神健康恢复的状况，认定该成年人恢复为限制民事行为能力人或者完全民事行为能力人。本条规定的有关组织包括：居民委员会、村民委员会、学校、医疗机构、妇女联合会、残疾人联合会、依法设立的老年人组织、民政部门等。"

《民法典》第36条第1、2款规定，监护人有下列情形之一的，人民法院根据有关个人或者组织的申请，撤销其监护人资格，安排必要的临时监护措施，并按照最有利于被监护人的原则依法指定监护人：（1）实施严重损害被监护人身心健康的行为；（2）怠于履行监护职责，或者无法履行监护职责且拒绝将监护职责部分或者全部委托给他人，导致被监护人处于危困状态；（3）实施严重侵害被监护人合法权益的其他行为。本条规定的有关个人、组织包括：其他依法具有监护资格的人，居民委员会、村民委员会、学校、医疗机构、妇女联合会、残疾人联合会、未成年人保护组织、依法设立的老年人组织、民政部门等。

残疾人联合会是保障残疾人权益的组织，上述条款赋予残疾人联合会申请撤销监护人资格的权利，也保障了相关残疾人的合法权益。

## 第 8 问

### 如何获取与残疾人相关的法律专业知识、技能？

1. 学习相关法律法规。了解国家和地方有关残疾人的法律法规，包括《残疾人保障法》《残疾人就业条例》等。

2. 学习残疾人权益保护相关知识。了解残疾人的权利和福利，包括教育、就业、社会保障、医疗等方面的权益。

3. 参加相关培训和研讨会。了解最新的法律法规和实践经验，与同行交流和分享经验。

4. 与专业机构合作。与残疾人组织、律师事务所、法律援助机构等专业机构合作，了解残疾人权益保护的实践和案例。

5. 研究相关案例。研究与残疾人权益保护相关的案例，了解法院的判决和司法实践。

6. 学习相关专业知识。学习法律、社会工作、心理学、康复医学等相关专业知识，提高对残疾人权益保护的认识和理解。

7. 增强沟通能力。与残疾人沟通时，需要具备良好的沟通能力和耐心，了解他们的需求和困难，为他们提供有效的法律支持。

获取与残疾人相关的法律专业知识和技能需要不断学习和实践，与专业机构和同行交流和分享经验，加深对残疾人权益保护的认识和理解，为残疾人提供有效的法律支持。

一、残疾人权益保障概述

## 第 9 问

## 残疾人被他人侵犯人格尊严应当怎么办？

**案例**：甲为二级残疾人，表现为口齿不清、身体协调性差。某日，甲在某银行领取粮食补贴款，并给其父亲缴纳养老保险金时，因忘记银行卡密码，需要办理重置密码业务。工作人员告知其需到开户行办理，因交流不畅发生口角。该银行工作人员不了解甲身体残疾情况，见甲行为异常，遂启动银行报警系统。甲听到警铃声后，随即匆忙跑出营业场所。甲以侵害其人格权为由，起诉请求某银行在省级媒体上向其赔礼道歉，赔偿精神损失费40000元。

人格尊严是民事主体作为"人"所应有的最基本的社会地位、社会评价，并得到最起码尊重的权利。《民法典》第109条规定："自然人的人身自由、人格尊严受法律保护。"《残疾人保障法》第3条第2款规定："残疾人的公民权利和人格尊严受法律保护。"残疾人在社会适应力、心理承受力方面弱于普通人，更加需要社会的理解与关怀。银行工作人员在没有确凿证据显示甲有不当行为或威胁的情况下，不当使用警铃，这一行为给身为残疾人的甲适应社会平添了心理障碍，造成了精神上的严重伤害。

当残疾人在生活中被他人侵犯人格尊严时，可以向当地残疾人联合会或专门协会投诉或者向行为人所在单位或主管部门、负责残疾人工作的有关主管部门及其他有关行政主管部门反映情况。如果侵权行为严重，且无法通过行政途径或投诉解决，残疾人可以向人民法院提起诉讼，请求司法保护。当残疾人因经济困难或其他原因无法自行维护权益时，可以向当地法律援助机构或人民法院申请法律援助。对于侵害众多残疾人人格权的行为，如媒体刊登贬低残疾人人格的照片等，残疾人或残疾人组织可以请求人民检察院向人民法院提起公益诉讼。

保障残疾人的人格尊严，需要全社会的共同参与。在民事活动中，更应弘扬社会主义核心价值观，充分关心、理解、尊重残疾人，消除偏见和歧视。尤其是社会服务行业，在工作环境设置和办理业务过程中应为残疾人充分提供便利。

# 一、残疾人权益保障概述

## 第10问

## 残疾人的合法权益受到侵害应当怎么办？

《残疾人保障法》第59条规定："残疾人的合法权益受到侵害的，可以向残疾人组织投诉，残疾人组织应当维护残疾人的合法权益，有权要求有关部门或者单位查处。有关部门或者单位应当依法查处，并予以答复。残疾人组织对残疾人通过诉讼维护其合法权益需要帮助的，应当给予支持。残疾人组织对侵害特定残疾人群体利益的行为，有权要求有关部门依法查处。"第60条规定："残疾人的合法权益受到侵害的，有权要求有关部门依法处理，或者依法向仲裁机构申请仲裁，或者依法向人民法院提起诉讼。对有经济困难或者其他原因确需法律援助或者司法救助的残疾人，当地法律援助机构或者人民法院应当给予帮助，依法为其提供法律援助或者司法救助。"

结合以上规定，残疾人在合法权益受到侵害时，有以下多种途径来维护自己的权益。

### 一、寻求专业帮助

残疾人可以向当地的残疾人组织、维权机构或律师等专业人士寻求帮助。这些机构和专业人士能够提供法律咨询和维权建议，帮助残疾人了解自己的权利并确定合适的维权策略。

## 二、向相关部门投诉

残疾人可以向相关部门如残疾人权益保障机构、民政部门、教育部门或劳动保障监察部门等投诉，要求其对侵害行为进行调查和处理。如果有关行政机关及其工作人员在实施具体行政行为时侵害了残疾人的合法权益，受侵害的残疾人还可以向该行政机关的上级主管机关申请行政复议。

## 三、申请仲裁或提起诉讼

如果侵害行为涉及法律纠纷，残疾人可以通过法律途径提起诉讼或申请仲裁。需要注意的是，劳动争议适用仲裁前置程序，即劳动争议当事人要想向人民法院提起诉讼，必须先向劳动争议仲裁委员会申请仲裁。当事人对劳动争议仲裁委员会仲裁裁决不服的，可以自收到裁决书之日起15日内向人民法院提起诉讼。如果当事人未经仲裁程序直接向人民法院提起诉讼，人民法院通常不予受理。

## 四、获得法律援助或司法救助

对于有经济困难或其他原因确需法律援助或司法救助的残疾人，当地的法律援助机构或人民法院应当给予帮助，依法为其提供法律援助或司法救助。

一、残疾人权益保障概述

## 第11问

## 残疾人通过诉讼维权时，可以获得哪些支持？

**案例**：2021年9月，甲向残疾人乙出具借条，借款本金29400元，并约定甲每月还款1000元，如其未按约履行还款义务，需承担乙为维权支付的全部费用。其后，乙多次催促甲还款，但截至2022年3月，甲仅归还借款本金2100元。乙遂诉至法院，请求判令甲偿还剩余借款本金、逾期还款利息及维权费用。法院生效判决认为，借条约定的金额、还款时间及维权费用的负担为双方真实意思表示，甲应当按照约定履行还款义务。故，判决甲向乙支付借款本金27300元、维权费用3500元及逾期还款利息。据了解，人民法院积极设立"助残绿色通道"，将无障碍服务贯穿诉讼全流程。该案坚持"快立案、快送达、快审理、快结案"工作思路，庭前主动通过短信方式为残疾当事人提供诉讼指导和释明，在征得双方当事人同意后，采用移动微法院方式进行线上庭审，并安排手语老师提供全程手语翻译服务，切实保障残疾人平等、充分、方便地参与诉讼活动。

结合上述案例，残疾人通过诉讼维权时，可以获得以下支持。

1.法律援助。如果残疾人经济困难或者有其他原因符合条件的，可以向当地法律援助机构申请法律援助，由法律援助人员依法为其提供免费的法律服务，包括法律咨询、代拟法律文书、劳动争议调解与仲裁代理等。

2.减免诉讼费用，减轻残疾人的维权成本。对于需要司法救助的残疾人，人民法院应当根据实际情况，依法缓交、减交或免交诉讼费用，以降低其诉讼成本。

3.无障碍设施和服务。在涉及残疾人的诉讼中，法院可能会根据残疾人的需求提供无障碍设施和服务，如法院的无障碍设施和通道，提供语音、大字、同步字幕等无障碍信息交流服务，提供手语翻译、盲文资料，方便残疾人参加诉讼活动。

4.调解和解。在案件审理过程中，法院可能会根据残疾人的情况积极促成案件的调解，减少残疾人的诉讼成本，更有利于纠纷的解决。

5.残疾人联合会支持。残疾人联合会为人民法院无障碍设施建设和改造提供协助和支持，协助人民法院建立诉讼辅助服务人员名册，方便人民法院联系预约专业人士提供盲文、手语翻译等诉讼辅助服务。残疾人联合会定期对残疾人反映的事项进行梳理分析，积极引导残疾人诉前化解纠纷，为残疾人在本地和异地人民法院的和解、调解和诉讼提供支持。

# 一、残疾人权益保障概述

## 第 12 问

## 残疾人如何获得法律援助？

法律援助，是国家建立的为经济困难公民和符合法定条件的其他当事人无偿提供法律咨询、代理、刑事辩护等法律服务的制度，是公共法律服务体系的组成部分。

一般情况下，因经济困难申请法律援助的，申请人应当如实说明经济困难状况，但残疾人免予核查经济困难状况。法律援助机构为残疾人提供法律援助服务的，应当根据实际情况提供无障碍设施设备和服务。

可以向法律援助机构申请法律援助的事项包括：（1）依法请求国家赔偿；（2）请求给予社会保险待遇或者社会救助；（3）请求发给抚恤金；（4）请求给付赡养费、抚养费、扶养费；（5）请求确认劳动关系或者支付劳动报酬；（6）请求认定公民无民事行为能力或者限制民事行为能力；（7）请求工伤事故、交通事故、食品药品安全事故、医疗事故人身损害赔偿；（8）请求环境污染、生态破坏损害赔偿；（9）法律、法规、规章规定的其他情形。

残疾人如需要申请法律援助，可以根据实际情况向所在地的法律援助机构申请法律援助。刑事案件的犯罪嫌疑人、被告人如为视力、听力、言语残疾人，且没有委托辩护人的，人民法院、人民检察院、公安机关应当通知法律援助机构指派律师担任辩护人。

法律援助机构会通过服务窗口、电话、网络等多种方式提供法律咨询服务；提示当事人享有依法申请法律援助的权利，并告知申请法律援助的条件和程序。

## 二、残疾预防和残疾人康复

### 拓展延伸

残疾严重损害个人健康、家庭幸福，影响经济社会健康发展，做好残疾预防和残疾人康复对于保障人民群众生命安全和身体健康、提高全民族健康素质、促进经济社会高质量发展具有重大意义。

国家高度重视残疾预防和残疾人康复事业，公布了《残疾预防和残疾人康复条例》这一专门法规。

根据《残疾人保障法》的规定，自1991年起，设立全国助残日（每年五月的第三个星期日），旨在宣传残疾人保障法，提高社会对残疾人的关注和帮助。2017年6月24日，《国务院关于同意设立"残疾预防日"的批复》正式将每年8月25日确立为残疾预防日。通过宣传教育活动，提高公众对残疾预防的认识和重视程度，推动残疾预防和残疾人康复事业的发展。

二、残疾预防和残疾人康复

## 第 13 问

## 什么是残疾预防？残疾预防应从哪些方面入手？

残疾预防，是指针对各种致残因素，采取有效措施，避免个人心理、生理、人体结构上某种组织、功能的丧失或者异常，防止全部或者部分丧失正常参与社会活动的能力。预防残疾不仅关乎个人的健康与福祉，还直接影响到家庭、社区乃至整个社会的和谐与发展。实施科学的预防措施可以有效地降低残疾的发生率，减轻残疾带来的负担，提升全民的生活质量和社会的整体福祉。具体而言，可以从以下方面预防残疾。

第一，全面覆盖出生缺陷筛查和诊断，相关部门应当提供出生缺陷筛查和诊断服务，通过胎儿超声检查、基因检测等方法，尽早发现和干预潜在的残疾情况。实施残疾监测，定期调查残疾状况，分析致残原因，对遗传、疾病、药物、事故等主要致残因素实施动态监测。

第二，在开展孕前和孕产期保健、产前筛查、产前诊断以及新生儿疾病筛查，传染病、地方病、慢性病、精神疾病等防控、心理保健指导等工作时，应当做好残疾预防工作，针对遗传、疾病、药物等致残因素，采取相应措施消除或者降低致残风险，加强临床早期康复介入，减少残疾的发生。

第三，在儿童疾病预防方面，加强儿童疫苗接种工作，提高疫苗覆盖率，预防儿童患上一些可预防疾病导致的残疾。保证未成年人及时接受政府免费提供的疾病和残疾筛查，使有出生缺陷或者致残性疾病的未成年人及时接受治疗和康复服务。

第四，制订并实施残疾预防工作计划，针对主要致残因素实施重点预防，对致残风险较高的地区、人群、行业、单位实施优先干预。

第五，在预防意外伤害方面，加强交通安全管理、建筑安全管理等，提高公众对安全意识的认识，减少意外伤害导致的残疾。

第六，在开展交通安全、生产安全、食品药品安全、环境保护、防灾减灾救灾等工作时，应当针对事故、环境污染、灾害等致残因素，采取相应措施，减少残疾的发生。

第七，加强劳动保护，国家制定相关法律法规，保护劳动者的劳动安全和职业健康，预防工伤事故和职业病导致的残疾。具有高度致残风险的用人单位应当对职工进行残疾预防相关知识培训，告知其作业场所和工作岗位存在的致残风险，并采取防护措施，提供防护设施和防护用品。

## 二、残疾预防和残疾人康复

第八,加强教育与宣传,开展残疾预防教育和宣传活动,普及残疾预防知识,提高公众对残疾预防的认识和意识。鼓励公民学习残疾预防知识和技能,增强自我防护意识和能力。

## 第 14 问

## 什么是残疾人康复？

根据《残疾预防和残疾人康复条例》的规定，残疾人康复，是指在残疾发生后综合运用医学、教育、职业、社会、心理和辅助器具等措施，帮助残疾人恢复或者补偿功能，减轻功能障碍，增强生活自理和社会参与能力。

日常所说的残疾人康复，是指综合、协调地应用医学的、教育的、职业的、社会的和其他措施，对残疾者进行治疗、训练和辅助，尽量补偿、提高或者恢复其丧失或削弱的功能，增强其能力，促进其适应或重新适应社会生活。

常见的康复病种为脑血管意外、脊髓损伤、颅脑损伤、截肢、手部损伤、关节炎、脑性瘫痪、智力发育低下、情绪及行为障碍、心肺疾患、营养不良性残疾以及盲、聋、哑等残疾。

残疾使残疾人暂时离开社会生活的主流，康复的原则是通过对残疾人进行功能训练，促进整体康复，最终目的是使其重新参加社会生活，履行社会职责。

## 第15问

## 对残疾人的康复工作有哪些要求？

《残疾预防和残疾人康复条例》对残疾人的康复工作的具体要求如下。

一是在医疗保障上，各级人民政府将残疾人纳入基本医疗保险范围，对纳入基本医疗保险支付范围的医疗康复费用予以支付，并对家庭经济困难的残疾人参加基本医疗保险给予补贴，并对经基本医疗保险、大病保险和其他补充医疗保险支付医疗费用后仍有困难的给予医疗救助。

二是建立残疾儿童康复救助制度，完善重度残疾人护理补贴制度，通过实施重点康复项目为城乡贫困残疾人、重度残疾人提供基本康复服务。

三是经济支持。各级人民政府应当根据残疾预防和残疾人康复工作需要，将残疾预防和残疾人康复工作经费列入本级政府预算。从事残疾预防和残疾人康复服务的机构依法享受有关税收优惠政策。县级以上人民政府有关部门对相关机构给予资金、设施设备、土地使用等方面的支持。

四是在康复人才保障方面，国家加强残疾预防和残疾人康复专业人才的培养，县级以上人民政府有关部门应当将残疾预防和残疾人康复知识、技能纳入卫生、教育等相关专业技术人员的继续教育。

## 第16问

### 国家与社会对残疾人康复工作的职责是什么？

第一，提供医疗和康复服务。国家和社会应提供残疾人所需的医疗和康复服务，包括医疗诊断、康复治疗、康复辅具和辅助技术等，以提高残疾人的生活功能和质量。

第二，促进教育和培训。国家和社会应提供平等的教育和培训机会，包括特殊教育、职业培训等，以帮助残疾人获得知识和技能，提高其自主生活能力，丰富其就业机会。

第三，创造无障碍环境。国家和社会应创造无障碍的社会环境，包括修建无障碍设施、提供无障碍交通和通信、改善社会环境的可访问性，以促进残疾人的独立生活和社会参与。

第四，提供保障权益和福利。国家和社会应保障残疾人的权益和福利，包括平等待遇、非歧视、社会保障和福利等方面的权益。同时，加强对残疾人的法律保护，预防和打击对残疾人的歧视和虐待。

第五，提供就业和社会融合的机会。国家和社会应促进残疾人的就业机会和社会融合，通过职业培训、就业适配、无障碍环境建设等方式，帮助残疾人实现自主就业和社会参与。

第六，加强残疾人康复工作的宣传和教育。国家和社会应加强对残疾人康复的宣传和教育，提高公众对残疾人的认识，促进社会对残疾人的包容和支持。

综上所述，国家和社会应为残疾人提供全面的医疗和康复服务，创造无障碍环境，促进残疾人的教育和培训，保障其权益和福利，同时加强宣传和教育，促进社会的包容和支持。这些职责的履行将有助于残疾人实现康复、提高生活质量，融入社会并享受平等的权益。

## 第17问

### 残疾人如何获得政府提供的康复服务?

残疾人一般可通过以下途径获取政府提供的相应康复服务:

第一,了解当地政府的政策和法规。残疾人可以查阅相关的政府文件、网站或咨询当地政府部门,了解政府在康复服务方面的政策、法规和提供的服务。

第二,寻求医疗机构和康复中心的帮助。残疾人可以咨询当地的医疗机构、康复中心或社区卫生中心,了解政府提供的康复服务,并进行相关的预约和申请。

第三,联系当地社会福利部门等。残疾人可以联系当地的社会福利部门、残疾人事务部门或社区服务中心,了解政府提供的康复服务项目、申请流程和资格要求。

第四,参与当地组织的康复计划和项目。政府会不定期开展一些康复计划和项目,如康复训练、康复辅具发放、康复职业培训等,残疾人可以主动了解并参与这些计划和项目。

第五,申请相应的社会福利和补贴。政府通常会提供一些社会福利和补贴,帮助残疾人获得康复服务。残疾人可以向相关部门咨询并申请相应的福利和补贴。

第六，加入残疾人组织和网络。残疾人组织和网络通常能为残疾人提供康复服务的信息和支持。残疾人可以加入这些组织和网络，获取更多相关资源和建议。

除此之外，残疾人还可以寻求当地政府或残疾人联合会等社会服务机构相关专业组织和人员的帮助等。

## 第18问

### 购买残疾辅助器具后厂家服务不到位，应当如何维权？

**案例：** 甲因交通事故手术截肢，向某康复器具公司购买假肢产品。2016年4月25日，双方签署《产品配置单》，约定由某康复器具公司为甲提供假肢产品，并根据甲的个人适应性提供修正装配方案以及终身免费调整、保养、维修等专业技术服务。某康复器具公司根据甲的情况先为其装配了临时假肢，甲支付相应价款8000元。2017年4月18日，甲因左下肢残端溃烂住院治疗，支付医疗费52725.42元。甲称其安装假肢后不到10天出现溃疡，向某康复器具公司业务员反映情况，对方称需磨合，慢慢会好，故未及时入院治疗。甲起诉请求某康复器具公司赔偿其购买假肢费用8000元、医疗费52725.42元、住院伙食补助费5500元、营养费11500元、护理费17400元、交通费2000元。

法院经审理认为，某康复器具公司未向甲提供足够的假肢佩戴指导和跟踪服务，导致甲在使用假肢的过程中出现残端溃烂的损害后果，应对甲的损害后果承担侵权责任，遂判决某康复器具公司退还甲假肢款8000元，赔偿甲医疗费52725.42元、住院伙食补助费

5500元、护理费11500元、营养费5750元、交通费500元。

残疾辅助器具对残疾人的生活具有重大影响。残疾辅助器具的质量是否合格，以及能否安全有效地使用，与辅助器具使用人的身体健康和人身、财产权益密切相关。残疾辅助器具产品除具有物的属性外，还包含服务属性，任何一项属性存在缺陷都有可能对使用者造成损害。本案确立了残疾辅助器具侵权责任纠纷的基本裁判规则，即残疾辅助器具的经营者向购买人出售产品后，除应保证产品质量合格外，还应根据产品性能及合同约定，为购买人提供装配、调整、使用指导、训练、查访等售后服务，若因服务缺失导致购买人产生人身损害，经营者应根据其过错程度承担相应的侵权责任。

如果购买残疾辅助器具后，因为厂家服务不到位，导致器具无法正常使用或者给残疾人造成人身损害，可以考虑通过法律途径维护自己的合法权益。

根据《消费者权益保护法》第7条的规定，消费者在购买、使用商品和接受服务时享有人身、财产安全不受损害的权利。消费者有权要求经营者提供的商品和服务，符合保障人身、财产安全的要求。根据《消费者权益保护法》第11条的规定，消费者因购买、使用商品或者接受服务受到人身、财产损害的，享有依法获得赔偿的权利。

## 二、残疾预防和残疾人康复

# 第 19 问

## 什么是强制医疗?

**案例**:甲曾经受过脑外伤,后于2010年间开始出现精神异常,经治疗后坚持服药至2012年底,其间未实施危害他人人身安全及公共安全等违法行为。因家庭经济困难无力支付购药费用于2012年底自行停药,至2013年11月16日病发进而引发持刀伤人。对此,某市检察院向某市法院提出对甲进行强制医疗的申请。

我国人口基数大,有严重且亟须治疗的精神疾病患者数量相对较多,但能真正得到有效、长期治疗的患者仅占很小的比例。还有众多严重精神疾病患者因家庭经济原因、社会救济缺失而未能得到治疗,这部分患者对家庭和社会都是潜在的隐患。强制医疗是出于避免社会危害和保障患者(尤其是精神疾病患者)健康利益的目的,而采取的一项对人身自由予以一定限制并对其所患疾病进行治疗的特殊保安处分措施。

《刑法》第18条第1款规定:"精神病人在不能辨认或者不能控制自己行为的时候造成危害结果,经法定程序鉴定确认的,不负刑事责任，但是应当责令他的家属或者监护人严加看管和医疗；在必要的时候，由政府强制医疗。"《刑事诉讼法》第302条规定："实施暴力行为，危害公共安全或者严重危害公民人身安全，经法定程序鉴定依法不负刑事责任的精神病人，有继续危害社会可能的，可以予以强制医疗。"公安机关发现精神病人符合强制医疗条件的，应写出强制医疗意见书，移送人民检察院。人民检察院在审查起诉过程中发现精神病人符合强制医疗条件的，应向人民法院提出强制医疗申请。人民法院在审理案件过程中发现被告人符合强制医疗条件的，可以作出强制医疗决定。

强制医疗机构应当定期对被强制医疗的人进行诊断评估。对于已不具有人身危险性，不需要继续强制医疗的，应当及时提出解除意见，报决定强制医疗的人民法院批准。被强制医疗的人及其近亲属有权申请解除强制医疗。

# 三、残疾人受教育权利

### 拓展延伸

受教育权是指公民享有从国家接受文化教育的机会和获得受教育的物质帮助的权利。这是由宪法确认和保障的一项基本人权，也是公民享受其他文化教育的前提和基础。

《残疾人权利公约》是联合国制定的关于保障残疾人权利的国际法律文书，旨在确保残疾人享有与所有人相同的权利和尊严，并促进对残疾人的平等对待和保护。它强调了残疾人在政治、经济、社会和文化领域中的平等权利，并呼吁各国采取措施，确保残疾人的权利得到充分实现。

我国《宪法》《残疾人保障法》《义务教育法》《残疾人教育条例》等法律法规均明确规定了残疾人平等接受教育的权利。

三、残疾人受教育权利

# 第 20 问

## 残疾人有平等接受教育的权利吗？

**案例**：重庆市綦江区存在部分残疾未成年人失学辍学，如重庆市綦江区的未成年人罗某某原就读于綦江区某小学，2017年因意外事故致使下肢瘫痪申请休学治疗，至2019年休学期满罗某某病情已稳定在家疗养，其家长未向学校申请延长休学，原就读学校也未积极组织劝返复学，亦未根据实际情况开展送教上门，致使罗某某长期未接受义务教育。2021年7月5日，依据《未成年人保护法》等相关规定，綦江区人民检察院向区教委发出残疾人受教育权保护行政公益诉讼诉前检察建议，针对调查发现的部分适龄残疾未成年人纳入学籍管理、送教上门不规范以及盲人儿童就近入学难等问题，建议区教委依法全面履职，保障相关残疾未成年人受教育的权利，完善特殊教育保障体系，以点带面推动辖区内残疾未成年人受教育权相关问题的全面整治。2021年8月30日，区教委书面回复检察建议，在秋季开学时已对清理出未入学的79名适龄残疾儿童全部完成安置，以"全覆盖、零拒绝"要求，多方协调解决4名返綦康复治疗的学生和2名盲人儿童就近入学难问题，率先在全市探索因地制宜、因人施策解决送教上门质效问题。①

国家保障残疾人享有平等接受教育的权利，禁止任何基于残疾的教育歧视。

第一，应当提供适合残疾人个性化需求的教育服务和支持，确保他们能够平等参与教育活动。

第二，学校和教育机构应提供无障碍的教育环境，包括教室、图书馆、实验室等设施的无障碍改造和设备的配备，以满足残疾人的学习需求。

第三，提供辅助技术和辅助器具支持，如助听设备、盲文资料、手语翻译等，以帮助残疾人充分参与教育活动。

第四，鼓励普通学校为残疾学生提供适应性教育，包括提供特殊教育教师的支持和合适的教育资源。

第五，提供个别化教育计划（IEP）或个性化学习计划（ILP）等支持措施，根据残疾人的特殊需求和能力制订个性化的教育方案。

第六，鼓励普通学校与特殊教育学校之间的合作和资源共享，确保残疾学生能够获得适合他们需求的最佳教育。

第七，反对并打击对残疾学生的歧视行为，包括拒绝录取、排除在外或对他们进行不公平对待的行为。

---

① 《残疾人权益保障检察公益诉讼典型案例：7.重庆市綦江区人民检察院督促保护残疾未成年人受教育权行政公益诉讼案》，载最高人民检察院 https://www.spp.gov.cn/spp/xwfbh/wsfbt/202205/t20220513_556792.shtml#2，最后访问时间：2024年12月6日。

三、残疾人受教育权利

# 第 21 问

# 我国关于残疾人平等受教育权的具体规定有哪些?

我国对残疾人平等受教育权极为重视,为此制定了一系列法律法规,旨在从制度层面确保残疾人能够享有与其他公民同等的受教育机会。表3-1整理了我国关于残疾人平等受教育权的具体规定。

表3-1 残疾人平等受教育权的具体规定

| 《义务教育法》 | |
| --- | --- |
| 第6条 | 国务院和县级以上地方人民政府应当合理配置教育资源,促进义务教育均衡发展,改善薄弱学校的办学条件,并采取措施,保障农村地区、民族地区实施义务教育,保障家庭经济困难的和残疾的适龄儿童、少年接受义务教育。<br>国家组织和鼓励经济发达地区支援经济欠发达地区实施义务教育。 |

续表

| 《义务教育法》 ||
|---|---|
| 第19条 | 县级以上地方人民政府根据需要设置相应的实施特殊教育的学校（班），对视力残疾、听力语言残疾和智力残疾的适龄儿童、少年实施义务教育。特殊教育学校（班）应当具备适应残疾儿童、少年学习、康复、生活特点的场所和设施。<br>普通学校应当接收具有接受普通教育能力的残疾适龄儿童、少年随班就读，并为其学习、康复提供帮助。 |
| 第57条 | 学校有下列情形之一的，由县级人民政府教育行政部门责令限期改正；情节严重的，对直接负责的主管人员和其他直接责任人员依法给予处分：<br>（一）拒绝接收具有接受普通教育能力的残疾适龄儿童、少年随班就读的；<br>（二）分设重点班和非重点班的；<br>（三）违反本法规定开除学生的；<br>（四）选用未经审定的教科书的。 |
| 《残疾人教育条例》 ||
| 第2条 | 国家保障残疾人享有平等接受教育的权利，禁止任何基于残疾的教育歧视。<br>残疾人教育应当贯彻国家的教育方针，并根据残疾人的身心特性和需要，全面提高其素质，为残疾人平等地参与社会生活创造条件。 |

续表

| | 《残疾人教育条例》 |
|---|---|
| 第17条 | 　　适龄残疾儿童、少年能够适应普通学校学习生活、接受普通教育的，依照《中华人民共和国义务教育法》的规定就近到普通学校入学接受义务教育。<br>　　适龄残疾儿童、少年能够接受普通教育，但是学习生活需要特别支持的，根据身体状况就近到县级人民政府教育行政部门在一定区域内指定的具备相应资源、条件的普通学校入学接受义务教育。<br>　　适龄残疾儿童、少年不能接受普通教育的，由县级人民政府教育行政部门统筹安排进入特殊教育学校接受义务教育。<br>　　适龄残疾儿童、少年需要专人护理，不能到学校就读的，由县级人民政府教育行政部门统筹安排，通过提供送教上门或者远程教育等方式实施义务教育，并纳入学籍管理。 |
| 第18条 | 　　在特殊教育学校学习的残疾儿童、少年，经教育、康复训练，能够接受普通教育的，学校可以建议残疾儿童、少年的父母或者其他监护人将其转入或者升入普通学校接受义务教育。<br>　　在普通学校学习的残疾儿童、少年，难以适应普通学校学习生活的，学校可以建议残疾儿童、少年的父母或者其他监护人将其转入指定的普通学校或者特殊教育学校接受义务教育。 |

续表

| | 《残疾人教育条例》 |
|---|---|
| 第21条 | 残疾儿童、少年的父母或者其他监护人与学校就入学、转学安排发生争议的，可以申请县级人民政府教育行政部门处理。<br><br>接到申请的县级人民政府教育行政部门应当委托残疾人教育专家委员会对残疾儿童、少年的身体状况、接受教育的能力和适应学校学习生活的能力进行评估并提出入学、转学建议，并根据残疾人教育专家委员会的评估结果和提出的入学、转学建议，综合考虑学校的办学条件和残疾儿童、少年及其父母或者其他监护人的意愿，对残疾儿童、少年的入学、转学安排作出决定。 |
| 第22条 | 招收残疾学生的普通学校应当将残疾学生合理编入班级；残疾学生较多的，可以设置专门的特殊教育班级。<br><br>招收残疾学生的普通学校应当安排专门从事残疾人教育的教师或者经验丰富的教师承担随班就读或者特殊教育班级的教育教学工作，并适当缩减班级学生数额，为残疾学生入学后的学习、生活提供便利和条件，保障残疾学生平等参与教育教学和学校组织的各项活动。 |
| 第23条 | 在普通学校随班就读残疾学生的义务教育，可以适用普通义务教育的课程设置方案、课程标准和教材，但是对其学习要求可以有适度弹性。 |

三、残疾人受教育权利

续表

| | 《残疾人教育条例》 |
|---|---|
| 第26条 | 　　县级人民政府教育行政部门应当加强对本行政区域内的残疾儿童、少年实施义务教育工作的指导。<br>　　县级以上地方人民政府教育行政部门应当统筹安排支持特殊教育学校建立特殊教育资源中心，在一定区域内提供特殊教育指导和支持服务。特殊教育资源中心可以受教育行政部门的委托承担以下工作：<br>　　（一）指导、评价区域内的随班就读工作；<br>　　（二）为区域内承担随班就读教育教学任务的教师提供培训；<br>　　（三）派出教师和相关专业服务人员支持随班就读，为接受送教上门和远程教育的残疾儿童、少年提供辅导和支持；<br>　　（四）为残疾学生父母或者其他监护人提供咨询；<br>　　（五）其他特殊教育相关工作。 |
| 第29条 | 　　普通职业学校不得拒绝招收符合国家规定的录取标准的残疾人入学，普通职业培训机构应当积极招收残疾人入学。<br>　　县级以上地方人民政府应当采取措施，鼓励和支持普通职业教育机构积极招收残疾学生。 |
| 第34条 | 　　普通高级中等学校、高等学校、继续教育机构应当招收符合国家规定的录取标准的残疾考生入学，不得因其残疾而拒绝招收。 |

051

以上法律规定不仅彰显了国家对残疾人权益的深切关怀，更是推动社会公平正义的重要举措。这些法律规定为残疾人打开了知识的大门，帮助他们获得必要的知识和技能，从而更好地融入社会，实现个人价值。此外，这些法律规定的实施还有助于提升全社会对残疾人能力的认识，促进社会对残疾人的包容与支持，共同构建一个更加和谐、公正的社会环境。

## 三、残疾人受教育权利

## 第 22 问

## 如何保障残疾人的受教育权利？

一是法律保障。我国制定了《残疾人保障法》《残疾人教育条例》等相关法律法规，明确残疾人享有平等的教育权利，并禁止对残疾人歧视和排斥，为残疾人的受教育权利提供了制度保障。

二是教育政策。政府和教育部门应制定并实施包容性教育政策，确保残疾人能够平等接受教育。包括提供适应性的教育方案和资源，推动无障碍教育环境建设，以及提供特殊教育支持等。

三是无障碍设施。学校和教育机构需要提供无障碍的教育环境，包括无障碍校舍、教室、图书馆、实验室等设施，以方便残疾学生和教师使用。

四是特殊教育支持。针对残疾学生，学校应提供特殊教育支持和辅助设施，如听力设备、视力辅助工具、沟通辅助设备等，以满足他们的学习需求。

五是师资培训。教师需要接受包容性教育培训，了解并掌握适合残疾学生的教学方法和技巧，以更好地支持他们的学习和发展。

六是宣传层面。社会和教育机构需要加强对残疾人受教育权利的宣传，消除对残疾人的偏见和歧视，促进包容与尊重。

三、残疾人受教育权利

## 第 23 问

## 如何保障残疾幼儿在学前教育阶段的权益？

学前教育阶段是幼儿身心发展和融入社会的关键时期，对于残疾幼儿来说，获得适宜的学前教育有助于他们在智力、情感、社交等方面得到全面发展，为未来的学习和生活打下坚实基础。保障残疾幼儿在学前教育的权益应关注以下方面。

首先，各级人民政府应当积极采取措施，逐步提高残疾幼儿接受学前教育的比例。县级人民政府及其教育行政部门、民政部门等有关部门应当支持普通幼儿园创造条件招收残疾幼儿；支持特殊教育学校和具备办学条件的残疾儿童福利机构、残疾儿童康复机构等实施学前教育。

其次，残疾幼儿的教育应当与保育、康复结合实施。招收残疾幼儿的学前教育机构应当根据自身条件配备必要的康复设施、设备和专业康复人员，或者与其他具有康复设施、设备和专业康复人员的特殊教育机构、康复机构合作对残疾幼儿实施康复训练。

再次，卫生保健机构、残疾幼儿的学前教育机构、儿童福利机构和家庭，应当注重对残疾幼儿的早期发现、早期康复和早期教育。卫生保健机构、残疾幼儿的学前教育机构、残疾儿童康复机构应当就残疾幼儿的早期发现、早期康复和早期教育为残疾幼儿家庭提供咨询、指导。

最后，家庭是残疾幼儿学前教育的重要参与者。家长需要深入了解孩子的残疾类型和具体需求，根据孩子的特殊需求，为他们提供必要的辅助工具和设备，如轮椅、助听器等；鼓励孩子参与学前教育机构的各项活动，与教师保持密切沟通，了解孩子在园内的表现和进步，共同制订个性化的教育计划。

三、残疾人受教育权利

## 第 24 问

## 如何保障残疾儿童、少年在义务教育阶段的权益？

义务教育是国民基础教育，对于残疾儿童、少年来说，接受义务教育是其生存与发展的基础。通过义务教育，残疾儿童、少年可以学习到社会规范、文化知识以及与人交往的技能，从而更好地融入社会，与健全人共同构建和谐社会。

适龄残疾儿童、少年的父母或者其他监护人，应当依法保证其残疾子女或者被监护人入学接受并完成义务教育。残疾儿童、少年接受义务教育的入学年龄和年限，应当与当地儿童、少年接受义务教育的入学年龄和年限相同；必要时，其入学年龄和在校年龄可以适当提高。

适龄残疾儿童、少年能够适应普通学校学习生活、接受普通教育的，依照《教育法》的规定就近到普通学校入学接受义务教育。适龄残疾儿童、少年能够接受普通教育，但是学习生活需要特别支持的，根据身体状况就近到县级人民政府教育行政部门在一定区域内指定的具备相应资源、条件的普通学校入学接受义务教育。适龄残疾儿童、少年不能接受普通教育的，由县级人民政府教育行政部门统筹安排进入特殊教育学校接受义务教育。适龄残疾儿童、少年需要专人护理，不能到学校就读的，由县级人民政府教育行政部门统筹安排，通过提供送教上门或者远程教育等方式实施义务教育，并纳入学籍管理。

残疾儿童、少年特殊教育学校（班）应当坚持思想教育、文化教育、劳动技能教育与身心补偿相结合，并根据学生残疾状况和补偿程度，实施分类教学；必要时，应当听取残疾学生父母或者其他监护人的意见，制订符合残疾学生身心特性和需要的个别化教育计划，实施个别教学。

残疾儿童、少年特殊教育学校（班）的课程设置方案、课程标准和教材，应当适合残疾儿童、少年的身心特性和需要。

## 第 25 问

### 如何保障残疾人在职业教育阶段的权益？

发展残疾人职业教育，是实现教育公平、提升残疾人职业技能和整体素质的重要途径。残疾人职业教育旨在培养残疾人具备一定的职业技能和创业能力，通过职业教育，残疾人可以学习到实用的职业技能和知识，增强自身的就业竞争力，为融入社会、实现自我价值打下坚实的基础。

根据《职业教育法》第18条的规定，残疾人职业教育除由残疾人教育机构实施外，各级各类职业学校和职业培训机构及其他教育机构应当按照国家有关规定接纳残疾学生，并加强无障碍环境建设，为残疾学生学习、生活提供必要的帮助和便利。国家采取措施，支持残疾人教育机构、职业学校、职业培训机构及其他教育机构开展或者联合开展残疾人职业教育。从事残疾人职业教育的特殊教育教师按照规定享受特殊教育津贴。

除此之外，国家和社会也持续关注对残疾人在职业教育中的保障，在资金保障、办学条件、师资队伍等方面进一步明确，切实增强对残疾人在职业教育中的保障。

## 第 26 问

## 如何保障残疾人在普通高级中等以上教育及继续教育阶段的权益？

普通高级中等学校、高等学校、继续教育机构应当招收符合国家规定的录取标准的残疾考生入学，不得因其残疾而拒绝招收。

设区的市级以上地方人民政府可以根据实际情况举办实施高级中等以上教育的特殊教育学校，支持高等学校设置特殊教育学院或者相关专业，提高残疾人的受教育水平。

县级以上人民政府教育行政部门以及其他有关部门、学校应当充分利用现代信息技术，以远程教育等方式为残疾人接受成人高等教育、高等教育自学考试等提供便利和帮助，根据实际情况开设适合残疾人学习的专业、课程，采取灵活开放的教学和管理模式，支持残疾人顺利完成学业。

残疾人所在单位应当对本单位的残疾人开展文化知识教育和技术培训。例如，根据工作岗位的需求，为残疾员工提供专业的技能培训，如计算机操作、机械维修、手工艺制作等，以提高

## 三、残疾人受教育权利

他们的工作能力和效率。鼓励和支持残疾员工参与各种形式的继续教育和培训,如远程教育、在线课程等,以适应社会发展的需要。

扫除文盲教育应当包括对年满15周岁以上的未丧失学习能力的文盲、半文盲残疾人实施的扫盲教育。例如,盲人要学习盲文,聋哑人要学习手语。

国家、社会鼓励和帮助残疾人自学成才。例如,许多地方的公共图书馆和社区中心设立了专门的残疾人学习角,提供适合残疾人阅读的书籍、有声读物和学习资料。又如,一些企业与教育机构合作,为残疾人提供实习和就业机会,帮助他们将所学知识应用于实际工作中。

## 第 27 问

## 担任专门从事残疾人教育工作的教师需满足哪些条件？

专门从事残疾人教育工作的教师（即特殊教育教师）是残疾学生学习知识的引导者、心理发展的支持者和融入社会的推动者，也是学校、家长及社会之间的桥梁，在保障残疾学生教育权益、促进其全面发展以及推动社会进步和包容性方面发挥着不可替代的作用。

从事残疾人教育的教师，应当热爱残疾人教育事业，具有社会主义的人道主义精神，尊重和关爱残疾学生，并掌握残疾人教育的专业知识和技能。

《残疾人教育条例》第42条明确规定，专门从事残疾人教育工作的教师应当符合以下条件：

第一，依照《教师法》的规定取得教师资格；

第二，特殊教育专业毕业或者经省、自治区、直辖市人民政府教育行政部门组织的特殊教育专业培训并考核合格。

从事听力残疾人教育的特殊教育教师应当达到国家规定的手

语等级标准,从事视力残疾人教育的特殊教育教师应当达到国家规定的盲文等级标准。

## 第28问

## 为残疾师生提供无障碍环境有哪些具体要求?

为残疾师生提供无障碍环境应遵循如下要求(表3-2)。

表3-2　无障碍环境在教育方面的法律规定

| 《残疾人保障法》 | |
| --- | --- |
| 第54条 | 国家采取措施,为残疾人信息交流无障碍创造条件。<br>各级人民政府和有关部门应当采取措施,为残疾人获取公共信息提供便利。<br>国家和社会研制、开发适合残疾人使用的信息交流技术和产品。<br>国家举办的各类升学考试、职业资格考试和任职考试,有盲人参加的,应当为盲人提供盲文试卷、电子试卷或者由专门的工作人员予以协助。 |
| 《残疾人教育条例》 | |
| 第50条 | 新建、改建、扩建各级各类学校应当符合《无障碍环境建设条例》的要求。<br>县级以上地方人民政府及其教育行政部门应当逐步推进各级各类学校无障碍校园环境建设。 |

## 三、残疾人受教育权利

续表

| | 《残疾人教育条例》 |
|---|---|
| 第52条 | 残疾人参加国家教育考试,需要提供必要支持条件和合理便利的,可以提出申请。教育考试机构、学校应当按照国家有关规定予以提供。 |
| 第54条 | 国家鼓励开展残疾人教育的科学研究,组织和扶持盲文、手语的研究和应用,支持特殊教育教材的编写和出版。 |
| 第55条 | 县级以上人民政府及其有关部门应当采取优惠政策和措施,支持研究、生产残疾人教育教学专用仪器设备、教具、学具、软件及其他辅助用品,扶持特殊教育机构兴办和发展福利企业和辅助性就业机构。 |
| | 《无障碍环境建设条例》 |
| 第20条 | 国家举办的升学考试、职业资格考试和任职考试,有视力残疾人参加的,应当为视力残疾人提供盲文试卷、电子试卷,或者由工作人员予以协助。 |

## 第 29 问

## 国家、社会、学校和家庭对实施残疾人教育有哪些职责?

在国家层面,需要制定和完善残疾人教育的法律法规,确保残疾人享有平等接受教育的权利,并禁止对残疾人进行任何歧视的行为。同时,国家和政府应当提供资金支持,用于残疾人教育的设施建设、特殊教育资源和辅助设备等,为残疾人享受教育权利提供相应的支持。而在制定法律法规的同时,也需要制定和实施残疾人教育政策,推动包容性教育的普及和特殊教育的发展,并建立和完善残疾人教育的评估和监测机制,确保教育质量和效果的提升。为了让残疾人更好融入社会并为社会贡献价值,国家与政府应当为其提供职业培训和就业机会,促进残疾人毕业生的就业。

在社会层面,应当加强对残疾人教育的宣传,消除对残疾人的偏见和歧视。同时,社会各界提供支持和帮助,促进社会环境的无障碍化和包容性,为残疾人提供良好的学习和生活条件,并开展相关培训和教育活动,提高社会对残疾人教育的认识和支

## 三、残疾人受教育权利

持度。

在学校层面，需要为残疾人提供适应性教育，制订个别化教育计划，满足残疾学生的学习需求。同时，也需要为其提供无障碍教育环境，包括无障碍校舍、设施和辅助设备，以方便残疾学生的学习和生活。为了更好地营造教育环境，学校也需要培训师资，提高教师对残疾人教育的专业能力和教学技能。根据残疾人的不同特征，学校需要开展特殊教育服务，提供个别辅导、康复治疗和心理支持等。

在家庭层面，残疾学生的家长需要更加关注和支持子女的教育，为其提供情感支持。同时需要加强家校合作，多与学校沟通，参与制订个别化教育计划，积极参与子女的教育过程。作为孩子成长的第一环境，家庭需要提供支持，帮助子女建立自我认同和自信心。

## 第 30 问

### 教育机构拒不接收或者变相不接收残疾学生入学应当怎么办？

每个公民都有平等接受教育的权利，任何机构均不得以其残疾为由歧视或者拒绝残疾学生入学。《残疾人保障法》第21条第1款规定，国家保障残疾人享有平等接受教育的权利。第25条第1款规定，普通教育机构对具有接受普通教育能力的残疾人实施教育，并为其学习提供便利和帮助。第63条规定，违反本法规定，有关教育机构拒不接收残疾学生入学，或者在国家规定的录取要求以外附加条件限制残疾学生就学的，由有关主管部门责令改正，并依法对直接负责的主管人员和其他直接责任人员给予处分。

因此，如果遇到教育机构不接收残疾学生的情况，家长或监护人需要与教育机构进行沟通，了解教育机构拒绝接收或变相不接收残疾学生的具体原因，与学校共同探讨如何为残疾学生提供最合适的教育环境，包括可能的特殊教育支持、教学设施改造等。如教育机构仍然拒绝接收学生，家长或监护人可以向当地教

三、残疾人受教育权利

育部门或者残疾人保障机构投诉，寻求帮助和指导。如果普通学校确实无法满足残疾学生的需求，家长或监护人可以考虑将孩子送入特殊教育学校或寻求其他合适的教育途径。特殊教育学校通常具有更专业的教育资源和支持，能够为残疾学生提供更个性化的教育服务。如果因此造成了相应的损失，可以要求教育机构赔偿或者通过诉讼途径保障自身的合法权益。

## 第31问

### 残疾学生在学校遭受歧视该怎么办？

**案例**：小玲是一名腿部四级残疾的15岁女生。她在某中学就读时，长期遭受来自同学的霸凌和歧视。小玲被同学起带有侮辱性的外号，如"木拐李"等。霸凌者经常对小玲进行暴力殴打，导致她多次受伤住院。此外，霸凌者还向小玲进行勒索，要求她带烟，如果不从，就又是一顿拳打脚踢。同学们自动疏远小玲，不愿意与她交往。

学校作为传递知识和价值观的地方，保障残疾学生的权益，可以向学生传递尊重、关爱和包容的正能量。同时，学校是社会的一个缩影，残疾学生在学校受到公正对待，有助于减少社会对他们的偏见和歧视，促进社会的和谐与融合。

当残疾学生在学校遭受歧视时，可以采取以下措施来应对和解决问题：

1.及时报告。学生应立即向班主任、学校管理人员或监护人报告歧视事件，确保问题得到及时关注和处理。监护人在得知歧视事件后，应与学校联系，了解情况并寻求解决方案。

## 三、残疾人受教育权利

2.收集证据。收集与歧视事件相关的证据，如目击者证言、视频监控资料、社交媒体上的歧视信息等。这些证据对于后续处理歧视事件、追究责任以及保护受害者权益至关重要。

3.心理疏导。学校应提供心理咨询服务，帮助残疾学生及其监护人应对歧视带来的心理压力和创伤。监护人也可以寻求专业心理咨询师的帮助，为孩子提供情感上的支持和指导。

4.法律途径。如果歧视行为严重且构成违法，可以考虑通过法律途径维护残疾学生的权益。监护人可以咨询律师，了解相关法律法规和维权途径，必要时可以向法院提起诉讼。

5.加强教育。学校应加强对学生的教育和引导，提高他们对残疾同学的尊重和理解，减少歧视行为的发生。开展反歧视宣传和教育活动，增强学生的法律意识和道德观念。

6.政策保障。推动学校制定和完善反歧视政策，明确歧视行为的界定、处理流程和处罚措施。确保政策得到有效执行，为残疾学生提供安全、和谐的学习环境。

7.社会关注。呼吁社会各界关注残疾学生的权益保护问题，共同营造一个包容、友善的社会环境。媒体和公众可以通过报道和宣传，提高社会对歧视问题的认识和重视程度。

# 四、残疾人劳动就业

### 拓展延伸

标准工时制是国家规定的工作时间和休息休假制度，即每天工作8小时，每周工作40小时，一周内至少保证劳动者有一天休息的时间。该制度是为了保障劳动者身心健康和工作效率而建立的。

《劳动法》第36条规定，国家实行劳动者每日工作时间不超过8小时、平均每周工作时间不超过44小时的工时制度。第41条规定，用人单位由于生产经营需要，经与工会和劳动者协商后可以延长工作时间，一般每日不得超过1小时；因特殊原因需要延长工作时间的，在保障劳动者身体健康的条件下延长工作时间每日不得超过3小时，但是每月不得超过36小时。

在标准工时制下，劳动者可以依法享有自己的休息时间，同时也可以得到相应的报酬和福利待遇。如果用人单位违反标准工时制的规定，劳动者可以依法维护自己的权益。

# 四、残疾人劳动就业

# 第32问

## 残疾人就业的制度保障主要有哪些？

就业是公民的基本权利之一，也是实现自我价值和融入社会的重要途径。构建残疾人就业的制度保障，是确保残疾人平等参与社会生活、实现就业权利的重要体现，有助于消除对残疾人的歧视和偏见。我国对残疾人就业在法律层面构建了完整的制度保障（表4-1）。

表4-1 残疾人就业的制度保障

| 法律名称 | 具体规定 | 相应保障 |
| --- | --- | --- |
| 《残疾人保障法》 | **第三十条** 国家保障残疾人劳动的权利。<br>各级人民政府应当对残疾人劳动就业统筹规划，为残疾人创造劳动就业条件。 | 国家采取措施，加强残疾人就业服务和就业援助，鼓励和支持残疾人就业，保障残疾人享有平等的就业权利。 |

续表

| 法律名称 | 具体规定 | 相应保障 |
| --- | --- | --- |
| 《残疾人保障法》 | 第三十三条　国家实行按比例安排残疾人就业制度。<br>　　国家机关、社会团体、企业事业单位、民办非企业单位应当按照规定的比例安排残疾人就业，并为其选择适当的工种和岗位。达不到规定比例的，按照国家有关规定履行保障残疾人就业义务。国家鼓励用人单位超过规定比例安排残疾人就业。<br>　　残疾人就业的具体办法由国务院规定。 | |
| | 第三十六条　国家对安排残疾人就业达到、超过规定比例或者集中安排残疾人就业的用人单位和从事个体经营的残疾人，依法给予税收优惠，并在生产、经营、技术、资金、物资、场地等方面给予扶持。国家对从事个体经营的残疾人，免除行政事业性收费。<br>　　县级以上地方人民政府及其有关部门应当确定适合残疾人生产、经营的产品、项目，优先安排残疾人福利性单位生产或者经营，并根据残疾人福利性单位的生产特点确定某些产品由其专产。 | |

四、残疾人劳动就业

续表

| 法律名称 | 具体规定 | 相应保障 |
|---|---|---|
| 《残疾人保障法》 | 政府采购，在同等条件下应当优先购买残疾人福利性单位的产品或者服务。<br>地方各级人民政府应当开发适合残疾人就业的公益性岗位。<br>对申请从事个体经营的残疾人，有关部门应当优先核发营业执照。<br>对从事各类生产劳动的农村残疾人，有关部门应当在生产服务、技术指导、农用物资供应、农副产品购销和信贷等方面，给予帮助。 | |
| | 第三十七条 政府有关部门设立的公共就业服务机构，应当为残疾人免费提供就业服务。<br>残疾人联合会举办的残疾人就业服务机构，应当组织开展免费的职业指导、职业介绍和职业培训，为残疾人就业和用人单位招用残疾人提供服务和帮助。 | |
| | 第四十条 任何单位和个人不得以暴力、威胁或者非法限制人身自由的手段强迫残疾人劳动。 | 保障残疾人不被强迫劳动。 |

续表

| 法律名称 | 具体规定 | 相应保障 |
|---------|---------|---------|
| 《劳动法》 | 第三条　劳动者享有平等就业和选择职业的权利、取得劳动报酬的权利、休息休假的权利、获得劳动安全卫生保护的权利、接受职业技能培训的权利、享受社会保险和福利的权利、提请劳动争议处理的权利以及法律规定的其他劳动权利。<br>　　劳动者应当完成劳动任务，提高职业技能，执行劳动安全卫生规程，遵守劳动纪律和职业道德。 | 国家保障包括残疾人在内的所有劳动者平等就业和自主选择职业等权利。 |
| 《就业促进法》 | 第九条　工会、共产主义青年团、妇女联合会、残疾人联合会以及其他社会组织，协助人民政府开展促进就业工作，依法维护劳动者的劳动权利。 | 国家采取措施促进残疾人就业，为残疾人提供就业培训、职业介绍和就业援助等服务，鼓励用人单位招用残疾人。 |

四、残疾人劳动就业

续表

| 法律名称 | 具体规定 | 相应保障 |
|---|---|---|
| 《就业促进法》 | 第十七条　国家鼓励企业增加就业岗位，扶持失业人员和残疾人就业，对下列企业、人员依法给予税收优惠：<br>（一）吸纳符合国家规定条件的失业人员达到规定要求的企业；<br>（二）失业人员创办的中小企业；<br>（三）安置残疾人员达到规定比例或者集中使用残疾人的企业；<br>（四）从事个体经营的符合国家规定条件的失业人员；<br>（五）从事个体经营的残疾人；<br>（六）国务院规定给予税收优惠的其他企业、人员。 | |
| | 第二十九条　国家保障残疾人的劳动权利。<br>各级人民政府应当对残疾人就业统筹规划，为残疾人创造就业条件。<br>用人单位招用人员，不得歧视残疾人。 | |

续表

| 法律名称 | 具体规定 | 相应保障 |
|---|---|---|
| 《就业促进法》 | 第五十五条　各级人民政府采取特别扶助措施，促进残疾人就业。<br>用人单位应当按照国家规定安排残疾人就业，具体办法由国务院规定。 | |
| 《社会保险法》 | 第二十五条　国家建立和完善城镇居民基本医疗保险制度。<br>城镇居民基本医疗保险实行个人缴费和政府补贴相结合。<br>享受最低生活保障的人、丧失劳动能力的残疾人、低收入家庭六十周岁以上的老年人和未成年人等所需个人缴费部分，由政府给予补贴。 | 残疾人职工应享受与其他员工相同的社会保险待遇，包括养老保险、医疗保险、失业保险、生育保险和工伤保险等。<br>丧失劳动能力的残疾人的医疗保险个人缴费部分由政府补贴。 |

四、残疾人劳动就业

续表

| 法律名称 | 具体规定 | 相应保障 |
|---|---|---|
| 《残疾人就业条例》 | 第四条　国家鼓励社会组织和个人通过多种渠道、多种形式，帮助、支持残疾人就业，鼓励残疾人通过应聘等多种形式就业。禁止在就业中歧视残疾人。<br>残疾人应当提高自身素质，增强就业能力。<br>第八条　用人单位应当按照一定比例安排残疾人就业，并为其提供适当的工种、岗位。<br>用人单位安排残疾人就业的比例不得低于本单位在职职工总数的1.5%。具体比例由省、自治区、直辖市人民政府根据本地区的实际情况规定。<br>用人单位跨地区招用残疾人的，应当计入所安排的残疾人职工人数之内。<br>第十三条　用人单位应当为残疾人职工提供适合其身体状况的劳动条件和劳动保护，不得在晋职、晋级、评定职称、报酬、社会保险、生活福利等方面歧视残疾人职工。 | 为残疾人就业提供政策和措施支持，包括就业援助、职业培训、职业介绍、适应性工作岗位等。同时，国家提供就业援助和创业支持等措施。 |

续表

| 法律名称 | 具体规定 | 相应保障 |
|---|---|---|
| 《残疾人就业条例》 | 第十五条　县级以上人民政府应当采取措施，拓宽残疾人就业渠道，开发适合残疾人就业的公益性岗位，保障残疾人就业。<br>县级以上地方人民政府发展社区服务事业，应当优先考虑残疾人就业。 | |
| | 第十九条　国家鼓励扶持残疾人自主择业、自主创业。对残疾人从事个体经营的，应当依法给予税收优惠，有关部门应当在经营场地等方面给予照顾，并按照规定免收管理类、登记类和证照类的行政事业性收费。<br>国家对自主择业、自主创业的残疾人在一定期限内给予小额信贷等扶持。 | 国家鼓励扶持残疾人自主择业、自主创业。 |

四、残疾人劳动就业

## 第33问

## 用人单位在残疾人的劳动就业方面有哪些责任？

1. 不得歧视。用人单位不得因残疾拒绝招用劳动者，不得降低残疾劳动者的工资、职务、职称等待遇。

2. 提供适应性工作条件。用人单位应当为残疾人职工提供适应其特点的劳动条件、工作环境和工作方式，保障其劳动权益。

3. 按照规定比例安排残疾人就业。用人单位安排残疾人就业的比例不得低于本单位在职职工总数的1.5%。具体比例由省、自治区、直辖市人民政府根据本地区的实际情况规定。用人单位跨地区招用残疾人的，应当计入所安排的残疾人职工人数之内。

4. 政府和社会依法兴办的残疾人福利企业、盲人按摩机构和其他福利性单位，应当集中安排残疾人就业。集中使用残疾人的用人单位的资格认定，按照国家有关规定执行。集中使用残疾人的用人单位中从事全日制工作的残疾人职工，应当占本单位在职职工总数的25%以上。

5. 招用残疾人职工应当依法与其签订劳动合同或者服务协

议，并为残疾人职工提供适合其身体状况的劳动条件和劳动保护，不得在晋职、晋级、评定职称、报酬、社会保险、生活福利等方面歧视残疾人职工。

6.提供职业培训和技能提升机会。用人单位应当为残疾人职工提供职业培训和技能提升机会，提高其职业技能和适应能力，应当根据本单位残疾人职工的实际情况，对残疾人职工进行上岗、在岗、转岗等培训。

7.提供适应性工作岗位和工作条件。用人单位应当采取措施，为残疾人职工提供适应性工作岗位和工作条件，提供必要的辅助设备和工具。

8.提供就业援助和创业支持。用人单位鼓励和支持残疾人的就业和创业，提供相应的支持、指导和资源。

9.合理安排和管理。用人单位需要根据残疾人职工的实际情况，合理安排和管理工作任务和工作时间，确保其能够顺利参与和完成工作。

10.负责缴纳社会保险。用人单位应当为残疾人职工缴纳社会保险，保障其基本社会保险权益。

11.配置合适的劳动保护设施。用人单位应当配备和使用适当的劳动保护设施，确保残疾人职工的安全和健康。

12.提供合理的工资待遇。用人单位应当按照国家规定，给予残疾人职工与其工作贡献相符的工资待遇。

　　用人单位应当积极履行上述责任,为残疾人提供平等的就业机会和适应性的工作环境,依法保障其劳动权益。

## 第 34 问

## 国家在残疾人劳动就业方面有哪些保障措施？

国家在残疾人的劳动就业方面采取了多项保障措施，以确保残疾人的平等就业权益和可持续发展。

1. 法律法规保障。国家颁布了《残疾人保障法》《残疾人就业条例》等一系列法律法规，明确了残疾人就业的权益和保障措施，禁止用人单位歧视残疾人就业，要求提供适应性工作条件和就业援助。

2. 拓宽残疾人就业渠道。国家鼓励扶持残疾人自主择业、自主创业，对残疾人从事个体经营的，应当依法给予税收优惠，有关部门应当在经营场地等方面给予照顾，并按照规定免收管理类、登记类和证照类的行政事业性收费。同时，国家对集中使用残疾人的用人单位依法给予税收优惠，并在生产、经营、技术、资金、物资、场地使用等方面给予扶持。

3. 加强残疾人职业技能培训。国家加强残疾人职业技能和农村实用技术培训，支持用工企业开展残疾人岗位技能培训，以提高残疾人的职业技能水平和就业能力。

## 四、残疾人劳动就业

4.就业服务体系建设。国家建立了完善的残疾人就业服务体系,包括职业介绍、职业培训、就业援助、职业指导等服务,为残疾人提供全方位的就业支持。

5.创业支持。国家鼓励和支持残疾人创业,提供培训、贷款、担保等创业支持,帮助残疾人实现自主创业。

6.社会保障制度。国家建立了覆盖残疾人的社会保障制度,包括基本养老保险、医疗保险、失业保险等,为残疾人提供基本的经济保障。

7.宣传教育。国家通过开展宣传教育活动和倡导无障碍环境建设,提高社会对残疾人就业的认知度和包容性。

8.加大辅助性就业机构支持保障力度。国家鼓励以社区为单位,建设集残疾人辅助性就业、日间照料、社区康复等多功能于一体的综合性服务机构,为残疾人提供更多的就业机会和服务。

这些保障措施旨在为残疾人提供平等的就业机会和适应性的工作环境,促进其自主就业和可持续发展,实现残疾人就业的平等和包容。

## 第 35 问

## 国家在残疾人劳动就业方面提供哪些服务？

国家在残疾人劳动就业方面提供了多项服务，旨在帮助残疾人获得合适的工作机会并提升就业竞争力。

1.职业信息服务。通过各种渠道向残疾人发布就业信息，提供就业政策法规咨询、职业供求信息、市场工资指导价位信息和职业培训信息等，帮助残疾人了解就业市场和岗位需求。

2.职业培训服务。设立职业培训机构或项目，为残疾人提供专业培训，加强残疾人职业技能和农村实用技术培训，支持用工企业开展残疾人岗位技能培训，提高残疾人的职业技能水平和就业能力。

3.就业援助服务。提供就业辅导、职业咨询和求职技巧培训，帮助残疾人制订求职计划、撰写简历、掌握面试技巧，对就业困难的残疾人实施就业援助，通过加强与用工企业沟通，寻求增加残疾人就业机会，同时加大残疾人就业技能培训力度，提高残疾人就业能力。

## 四、残疾人劳动就业

4.创业支持服务。促进残疾人实现自主创业。地方各级人民政府应当多方面筹集资金,组织和扶持农村残疾人从事种植业、养殖业、手工业等行业的生产经营。有关部门对从事农业生产的农村残疾人,应当在生产服务、技术指导、农用物资供应、农副产品收购和信贷等方面给予帮助。为有创业意愿的残疾人提供创业培训、创业指导和创业资金支持,帮助他们实现自主创业。

5.就业咨询服务。设立就业咨询热线或服务机构,提供残疾人就业相关的咨询服务,解答就业政策疑问、提供求职建议等。

6.职业指导服务。为残疾人制订个人职业发展规划,提供职业规划指导和职业发展咨询,帮助他们实现个人职业目标。

7.就业适配服务。根据残疾人的特殊需求,为他们提供合适的工作岗位和工作环境,提供辅助设备和技术支持。

8.就业补贴和补助服务。为残疾人提供就业补贴、创业补贴或经济补助,鼓励用人单位招用残疾人。

9.就业管理和跟踪服务。建立残疾人就业台账和档案,对残疾人的就业情况进行跟踪和管理,提供必要的支持和帮助。

这些就业服务旨在帮助残疾人充分发挥自身潜力,获得合适的就业机会,提升就业能力和竞争力,实现就业目标和可持续发展。

## 第 36 问

## 残疾人找工作时遭受歧视该怎么办？

**案例**：甲在完成计算机专业学业后，已在相关行业积累了丰富的工作经验。然而，一次不幸的意外导致甲腿部残疾，行走颇为艰难。尽管如此，为了维持生计，甲依然积极求职，并发现某公司的一个招聘岗位与他的专业背景和工作经验高度契合，遂前往参加面试。遗憾的是，数日之后，甲收到了该公司以"不符合招聘条件"为由的拒绝录用通知。经过与公司人事部门的进一步沟通，甲得知自己之所以未被录用，实则是因其身体残疾所致。

用人单位发布的招用人员简章或招聘广告，不得包含歧视性内容。如残疾人在找工作时被歧视，可以参考以下方式依法维权。

1.保留相关被歧视的证据。保留所有与歧视行为相关的证据，包括面试记录、招聘通知、拒绝信、邮件、微信、短信、电话录音等。这些证据可以作为后续投诉或维权的依据。

2.咨询并寻求帮助。可以咨询和寻求相关机构或组织的帮助，如残疾人就业服务机构、劳动保障监察部门等。

3.向劳动保障监察部门进行举报投诉，由劳动保障监察部门进行调查核实并根据调查结果对实施就业歧视的用人单位进行处罚。

4.以侵犯平等就业权为由向人民法院起诉，要求用人单位赔礼道歉、赔偿精神抚慰金及其他经济损失。

面对歧视，残疾人需要了解和掌握相关法律法规，依法维护自己的权益。此外，建议残疾人根据自身条件掌握相应技能，以提升自己的能力，增强竞争力，争取更多的就业机会。

## 第 37 问

## 残疾人在工作中遭受歧视该怎么办？

**案例**：甲是一名智力障碍者，经某物业公司面试合格后，与该物业公司签订劳动合同，约定该物业公司聘用甲在保洁部从事保洁工作，劳动合同期限为1年，试用期1个月。

甲在工作期间，语言沟通和行动能力均与常人无异，能够正常提供劳动。但该物业公司在得知甲是一名残疾人后，认为甲隐瞒了其是残疾人的事实，向法院起诉请求确认公司与甲之间的劳动合同无效，其理由除甲隐瞒其是残疾人的事实外，还认为公司在招聘信息上已经写明了"身体健康"这一条件，认为该条件是正常的、符合法律规定和社会公序的，不构成对残疾人的歧视。

法院经审理认为，甲是智力残疾人，其劳动的权利受国家法律保护。物业公司认为甲在入职时隐瞒自己的残疾情况，但并未提交证据证明其在招录员工时将是否为残疾人作为聘用条件，如果物业公司有相关的入职要求，则属于对残疾人就业的歧视，该入职要求明显违反法律规定。甲虽然有残疾，但其仍然能进行与其智力相适应的民事活动。法院因此不支持物业公司的诉讼请求。

## 四、残疾人劳动就业

《残疾人保障法》第38条第2款规定:"在职工的招用、转正、晋级、职称评定、劳动报酬、生活福利、休息休假、社会保险等方面,不得歧视残疾人。"智力残疾人的劳动权利同样受国家法律保护,不应因其残疾身份而被剥夺或限制。甲在工作期间表现正常,语言沟通和行动能力均与常人无异,能够正常提供劳动。这表明甲有能力进行与其智力相适应的民事活动,包括履行劳动合同中的职责。

残疾人自强不息、自尊自立,参加适合其自身能力的劳动,应当予以支持和鼓励。社会应该摒弃对残疾人的歧视和偏见,为他们提供更多的就业机会和保障措施。用人单位在招聘过程中,应该注重候选人的能力和潜力,而不是仅仅关注其残疾身份。同时,政府和社会各界也应该加强对残疾人就业权利的宣传和教育,提高公众对残疾人就业的认识和尊重,共同营造一个公平、包容、和谐的社会环境。

## 第 38 问

## 公司扣留残疾人证合法吗？

《劳动合同法》第9条规定，用人单位招用劳动者，不得扣押劳动者的居民身份证和其他证件，不得要求劳动者提供担保或者以其他名义向劳动者收取财物。残疾人证是残疾人的合法身份证明，用于享受相应的福利和优惠政策。公司无权扣留残疾人证，这属于侵犯残疾人合法权益的行为。具体而言，用人单位不得强制或者变相强制残疾人提交残疾人证以及扣留、收缴残疾人证，不得因残疾人未提交或者丢失残疾人证而拒绝招用、解聘或者限制其权益。

如果公司扣留残疾人证，残疾人可以采取相应的法律措施进行维权，如及时向劳动保障监察部门投诉举报，要求单位退还证件。如果因此遭受了损失，残疾人还可以要求用人单位承担相应的赔偿责任。同时，劳动保障监察部门有权勒令用人单位在期限内归还员工证件，并根据相关法律规定对用人单位予以处罚。此外，被扣留残疾人证的劳动者可以向残联申请补发或重新办理残疾人证，在申请过程中需说明情况并提供相关证明材料。

## 四、残疾人劳动就业

## 第 39 问

## 公司以隐瞒残疾人证为由解除合同，应当怎么办？

**案例1**：甲通过社会招聘成功进入A公司上班，在甲通过试用期转为正式员工后，A公司的人事经理偶然得知甲是一名残疾人，并有残疾人证，便以其隐瞒残疾人证为由，向甲发送解除劳动合同通知书，解除与其的劳动关系。甲在与A公司沟通无果后，向劳动仲裁委员会提起劳动仲裁，要求A公司向其支付违法解除劳动合同的赔偿金。A公司抗辩，认为甲在入职时隐瞒其身体情况，违反了诚实信用原则，因此公司才与其解除劳动关系。仲裁委经审理认为，甲残疾的情况并不影响其正常工作，裁决A公司向甲支付违法解除劳动合同的赔偿金。

从上述案例可以得知，公司以员工隐瞒残疾人证为由解除合同是违法的，员工有权向公司主张违法解除劳动关系的赔偿金。

根据《劳动合同法》第8条的规定，用人单位招用劳动者时，应当如实告知劳动者工作内容、工作条件、工作地点、职业危害、安全生产状况、劳动报酬，以及劳动者要求了解的其他情况；用人单位有权了解劳动者与劳动合同直接相关的基本情况，劳动者应当如实说明。在本案中，甲患有残疾，在并不影响其正常工作的情况下，可以不主动向用人单位披露这一事实。同时，根据就业平等原则，用人单位不应歧视患有残疾的劳动者，也不应当以劳动者身体残疾为由解除劳动合同，A公司的行为违反了法律规定，因此应当承担相应的责任。

**案例2**：甲为左手大拇指缺失残疾。甲于2019年10月10日到某物流公司工作，担任叉车工。入职时甲提交了在有效期内的叉车证，入职体检合格。公司要求填写员工登记表，登记表上列明有无大病病史、家族病史、工伤史、传染病史，并列了"其他"栏。甲均勾选"无"。2020年7月4日，某物流公司以甲隐瞒持有残疾人证，不接受公司安排的工作为由解除劳动合同。2020年7月10日，甲申请劳动仲裁，要求某物流公司支付违法解除劳动合同赔偿金30000元。2020年10月13日，劳动人事争议仲裁委员会裁决某物流公司支付甲违法解除劳动合同赔偿金5860元。甲起诉请求某物流公司支付其违法解除劳动合同赔偿金30000元。

法院经审理认为，某物流公司招聘的岗位为叉车工，甲提供了有效期内的叉车证，且入职时体检合格，从工作情况来看，甲是否持有残疾人证并不影响其从事叉车工的工作。故某物流公司以甲隐瞒残疾人证为由解除合同，理由不能成立，其解除劳动合同违法，遂判决某物流公司支付甲违法解除劳动合同赔偿金5860元。

　　用人单位可以对劳动者进行管理，有权了解劳动者的基本情况，但该知情权应当是基于劳动合同能否履行的考量，与此无关的事项，用人单位不应享有过于宽泛的知情权。而且，劳动者身体残疾的原因不一而足，对工作的影响也不可一概而论。随着社会越来越重视对个人隐私的保护，在残疾不影响工作的情况下，劳动者可以不主动向用人单位披露其身有残疾的事实，而是作为一个普通人付出劳动，获得劳动报酬，这是现代社会应有的价值理念。用人单位本身承担着吸纳就业的社会责任，对残疾劳动者应当有必要的包容而不是歧视，更不能以此为由解除劳动合同。

## 第 40 问

## 残疾人怀孕，单位要解雇应当怎么办？

**案例**：甲早年因交通事故致残，在 A 公司担任客服主管。2021年6月22日，甲与 A 公司签订了为期两年的《劳动合同》。2022年8月28日，甲住院治疗，医院出具《入院通知单》诊断甲孕8周、先兆流产。在怀孕期间，甲多次因不适住院，医院出具了相应的休息证明。2023年3月8日，甲住院分娩一女婴，住院时间为2023年3月9日至2023年3月14日。2023年3月1日，A 公司以甲多次请假为由解除与甲的劳动关系。2023年4月1日，甲向 A 公司所在地的劳动仲裁委提起仲裁，要求确认其与 A 公司之间2021年6月22日至2023年3月1日的劳动关系，并要求 A 公司向其支付违法解除劳动合同的赔偿金。

女职工怀孕期间多次请假是否构成严重违反公司规章制度，需结合请假理由、程序、频率、时长以及公司规章制度的相关规定进行综合评估。根据法律规定，孕妇在妊娠期间享有特定的休假权，如产检假期（怀孕女职工在劳动时间内进行产前检查，所需时间计入劳动时间）。若女职工在怀孕期间因身体不适需要休息，且能提供医疗机构出具的休息证明，用人单位应当准许其请病假。据此，若女职工多次请假的理由充分，如因孕期身体不适而需医疗机构出具的休息证明，且按照公司规定程序提交证明文件，则不构成严重违反公司规章制度。若女职工请假的频率过高或时长过长，且缺乏充分理由或未遵守公司规定程序，则可能被视为严重违反公司规章制度。

本案中，甲在怀孕期间多次因不适住院，且医院出具了相应的休息证明，A公司解除劳动合同的行为构成违法解除。结合本案，残疾人在怀孕期间被用人单位违法辞退，可以通过以下两种方式来维权：

1.要求用人单位继续履行合同，并且支付工资损失直到合同继续履行。

2.根据《劳动合同法》第42条第4项的规定，女职工在孕期、产期、哺乳期的，用人单位不得依照本法第40条（无过失性辞退）、第41条（经济性裁员）的规定解除劳动合同。同时按照《劳动合同法》第48条的规定，用人单位违反本法规定解除或者终止劳动合同，劳动者要求继续履行劳动合同的，用人单位应当继续履行；劳动者不要求继续履行劳动合同或者劳动合同已经不能继续履行的，用人单位应当依照本法第87条规定支付赔偿金，即用人单位应当依照《劳动合同法》第47条规定的经济补偿标准的2倍向劳动者支付赔偿金。

## 第 41 问

## 因工致残,还能保住工作吗?

根据《工伤保险条例》的规定,用人单位可以根据工伤职工的伤残等级确定是否终止劳动合同。

职工因工致残被鉴定为一级至四级伤残的,保留劳动关系,退出工作岗位,单位不能终止劳动关系。这意味着即使因工致残,职工仍然可以保住工作,只是不再从事具体工作,而是享受相应的工伤保险待遇。

职工因工致残被鉴定为五级、六级伤残的,保留与用人单位的劳动关系,由用人单位安排适当的工作;经工伤职工本人提出,该职工可以与用人单位终止劳动关系。这表明,五级至六级伤残的职工同样可以保住工作,但可能需要调整工作岗位或享受伤残津贴。

职工因工致残被鉴定为七级至十级伤残的,如果劳动、聘用合同期满终止,或者职工本人提出解除劳动、聘用合同的,由工伤保险基金支付一次性工伤医疗补助金,由用人单位支付一次性伤残就业补助金。

### 四、残疾人劳动就业

综上所述,因工致残的职工在不同伤残等级下,都有一定的工作保障。具体能否保住工作,取决于伤残等级和用人单位的安排。在实际操作中,职工应与用人单位协商,根据伤残情况和工作能力,寻求最合适的工作安排或待遇。

## 第 42 问

## 上下班途中受伤致残，公司应当承担责任吗？

**案例**：甲系A公司员工，一次上班路上，在路口遭遇交通事故受伤。A公司认为甲仅仅系临时工，并未与公司建立劳动关系，因此也未给甲购买工伤保险。甲受伤后，A公司向人社局申请工伤认定，并提交A公司与甲之间存在劳动关系的临时用工合同。人社局作出工伤认定书，认定甲系在上班路上受伤，符合工伤认定范围，认定为工伤，并将涉案工伤认定书送达A公司。劳动能力鉴定委员会作出《初次鉴定结论书》，鉴定甲因工伤残八级。

因为A公司未给甲购买工伤保险，也不愿意支付甲任何赔偿，甲向劳动仲裁委提出仲裁申请，要求A公司承担相应责任。最后，仲裁委裁决A公司向甲支付停工留薪期待遇、一次性伤残补助金、一次性工伤医疗补助金、一次性伤残就业补助金、住院期间护理费、住院伙食费等费用。

根据《工伤保险条例》第14条的规定，职工有下列情形之一的，应当认定为工伤：

（1）在工作时间和工作场所内，因工作原因受到事故伤

## 四、残疾人劳动就业

害的;

（2）工作时间前后在工作场所内,从事与工作有关的预备性或者收尾性工作受到事故伤害的;

（3）在工作时间和工作场所内,因履行工作职责受到暴力等意外伤害的;

（4）患职业病的;

（5）因工外出期间,由于工作原因受到伤害或者发生事故下落不明的;

（6）在上下班途中,受到非本人主要责任的交通事故或者城市轨道交通、客运轮渡、火车事故伤害的;

（7）法律、行政法规规定应当认定为工伤的其他情形。

本案中,甲被依法认定为工伤,因Ａ公司未依法为其购买工伤保险,因此Ａ公司需要向甲支付停工留薪期待遇、一次性伤残补助金、一次性工伤医疗补助金、一次性伤残就业补助金、住院期间护理费、住院伙食费等费用。如Ａ公司为甲购买了工伤保险,则Ａ公司只需要向甲支付停工留薪期待遇、一次性伤残就业补助金。

因此,上下班途中受伤,如因非自身原因导致的,可以要求认定工伤,具体的承担项目和费用多少需要视公司是否为劳动者购买工伤保险以及伤残等级而定。

## 第 43 问

## 吸纳残疾人就业的单位和个体工商户享受税收优惠的基本条件有哪些？

1.符合法定条件。单位和个体工商户必须合法注册并营业，符合国家相关法律法规的规定。

2.雇用残疾人的比例要求。单位应该符合国家规定的雇用残疾人的比例要求。具体比例要求可能因地区而异，一般要求单位的员工总数中，残疾人数达到一定的比例。

3.签订劳动合同。单位和个体工商户应该与雇用的残疾人依法签订劳动合同，确保劳动关系的合法性和稳定性。

4.缴纳相关社会保险费。单位和个体工商户应按照规定为残疾人职工缴纳相关的社会保险费，包括养老保险、医疗保险、失业保险等费用。

5.注册登记和申报。单位和个体工商户应按照规定进行相应的注册登记和申报，确保享受税收优惠的合法性和准确性。

具体的税收优惠政策和要求可能会因地区的不同而有所差

### 四、残疾人劳动就业

异。建议单位和个体工商户在申请税收优惠前,详细了解和遵守相关的法律法规,确保符合条件并按照要求申报和享受相关优惠政策。

## 第44问

## 国家对残疾人个体劳动者有什么优惠政策？

国家对残疾人个体劳动者实施了一系列的优惠政策，旨在鼓励和支持残疾人创业就业，提供相应的经济和政策支持。根据《残疾人保障法》第36条第1款的规定，国家对安排残疾人就业达到、超过规定比例或者集中安排残疾人就业的用人单位和从事个体经营的残疾人，依法给予税收优惠，并在生产、经营、技术、资金、物资、场地等方面给予扶持。国家对从事个体经营的残疾人，免除行政事业性收费。

1.对安置残疾人的单位和个体工商户，实行由税务机关按纳税人安置残疾人的人数，限额即征即退增值税的办法。

2.创业补贴。残疾人个体劳动者在创业过程中可以享受创业补贴，用于创业场所租金、设备购置和运营费用等方面的支持。

3.创业贷款优惠。残疾人个体劳动者在创业过程中可以享受优惠的贷款政策，包括贷款利率优惠、贷款额度提高、担保费减免等。

## 四、残疾人劳动就业

4.安置的每位残疾人每月可退还的增值税具体限额,由县级以上税务机关根据纳税人所在区县(含县级市、旗)适用的经省(含自治区、直辖市、计划单列市)人民政府批准的月最低工资标准的4倍确定。

5.社会保险补贴。残疾人个体劳动者可以享受社会保险补贴政策,包括基本养老保险、医疗保险、失业保险等方面的补贴或减免。

6.就业培训和技能提升补贴。残疾人个体劳动者参加就业培训和技能提升可以享受一定的培训补贴或津贴。

7.就业创业指导和咨询。残疾人个体劳动者可以获得专业的就业创业指导和咨询服务,包括提供创业技巧、市场分析、经营管理等方面的支持。

8.残疾人创业示范基地建设。国家设立了残疾人创业示范基地,为残疾人个体劳动者提供创业场所、设备、技术支持等。

以上优惠政策为残疾人个体劳动者提供了经济和政策上的支持和帮助,鼓励他们创业就业,提升自身发展和融入社会的能力。

## 第45问

### 残疾人主要的就业渠道有哪些？

残疾人的就业渠道多种多样，旨在满足不同残疾人的就业需求和特点。

1.按比例就业。国家机关、社会团体、企事业单位、民办非企业单位应当按照不低于本单位在职职工总数1.5%的比例安排残疾人就业，并为其提供适当的工种、岗位。

2.集中就业。残疾人可以在符合条件的企业[如残疾人职工占在职职工总数的25%（含）以上，且不少于10人]或辅助性就业机构、盲人按摩机构（安置的残疾人不少于5人）就业。

3.个体就业与自主创业。残疾人通过创办个体工商户、企业、农民专业合作社、社会团体、民办非企业单位等实现就业。国家鼓励和扶持残疾人自主择业、自主创业，提供创业培训、创业担保贷款等扶持政策。

4.农村生产劳动及加工业实现就业。对残疾人从事种养业、手工业、旅游业、服务业、修理业、商业经营等各种行业的，凡符合国家规定的，可享受国家有关部门制定的税费减免、贷款贴息、社会保险补贴、岗位补贴、免费培训等优惠政策。

5.公益性岗位就业。残疾人可以在党政机关、事业单位、社会团体、基层社区设置的以公共利益和安置就业困难人员为主要目的的非营利性岗位就业。

6.辅助性就业。通过政策扶持措施,组织法定就业年龄段内有就业意愿但难以进入竞争性劳动力市场的智力、精神和重度肢体残疾人从事庇护性、非营利性的生产劳动。

7.灵活就业。对于部分残疾人来说,由于身体条件的限制或其他原因,他们可以选择在家劳动或从事远程劳动,通过互联网等技术手段进行工作。例如,近些年兴起的自媒体、直播、电商等,残疾人从事这些行业需要遵守相应的规定,依法就业。

## 第 46 问

### 残疾人遇到就业困难，可以向哪些部门、机构和组织求助？

1.所在地政府的公共就业服务机构。根据《残疾人保障法》第37条第1款的规定，政府有关部门设立的公共就业服务机构，应当为残疾人免费提供就业服务。残疾人作为特殊的就业困难群体，是公共就业服务机构的重点服务目标。县级以上人民政府设立的公共就业服务机构，应当为残疾人免费提供就业服务，包括职业指导、职业介绍和职业培训等，帮助残疾人实现就业。

2.所在地的残疾人联合会设立的残疾人就业服务机构。残疾人联合会设立的残疾人就业服务机构，是专门负责为残疾人提供就业服务的公共就业服务机构。该机构会提供职业指导、职业介绍和职业培训等，帮助残疾人实现就业。

3.劳动保障监察部门。如残疾人在就业过程中遇到企业存在不符合相关劳动法律法规的情形，可以向当地的劳动保障监察部门投诉举报，寻求帮助，解决就业相关的问题。劳动保障监察部门负责监督和执法，保护劳动者的合法权益。

## 四、残疾人劳动就业

4.人力资源和社会保障部门。可以向当地的人力资源和社会保障局咨询和求助，了解相关的政策和法规，寻求就业援助和支持。人力资源和社会保障局负责推动就业政策和社会保障工作，提供相关的就业服务和咨询。

5.所在地的法律援助机构。如果遇到就业歧视或侵犯合法权益的情况，可以寻求法律援助机构的帮助，它们会提供法律咨询和法律援助，帮助残疾人维护自己的权益。

6.所在地的社区和志愿者组织。可以咨询当地的社区和志愿者组织，它们可能会提供一些就业相关的帮助和支持，如就业培训、就业推荐等。

以上部门、机构和组织可以提供不同层面的帮助和支持，残疾人可以根据自身的具体情况选择合适的方式进行求助，争取得到相关的帮助和支持。

## 第47问

## 残疾人能开网约车赚钱养家吗?

《网络预约出租汽车经营服务管理暂行办法》第14条规定:"从事网约车服务的驾驶员,应当符合以下条件:(一)取得相应准驾车型机动车驾驶证并具有3年以上驾驶经历;(二)无交通肇事犯罪、危险驾驶犯罪记录,无吸毒记录,无饮酒后驾驶记录,最近连续3个记分周期内没有记满12分记录;(三)无暴力犯罪记录;(四)城市人民政府规定的其他条件。"根据《机动车驾驶证申领和使用规定》第14条的规定,申请机动车驾驶证的人应当符合法定的年龄条件和身体条件。例如,有听力障碍但佩戴助听设备能够达到以上条件的,可以申请小型汽车、小型自动挡汽车准驾车型的机动车驾驶证。因此,残疾人在满足上述条件的情况下,可以成为一名网约车驾驶员。在实际生活中,由听障人士担任驾驶员的网约车,驾驶员会将其是听障人士的提示贴在后座的位置以便提醒乘客。

残疾人在驾驶网约车时,应严格遵守道路交通安全法规,确保行车安全。同时,根据自身的残疾情况,可能需要采取特殊的

四、残疾人劳动就业

驾驶措施或安装辅助设备,以提高驾驶的安全性。作为网约车行业的新现象,残障司机可能会遭遇乘客的好奇乃至疑虑目光。因此,残障人士司机需要有一定的心理准备,以平常心面对乘客的质疑和好奇。在从事网约车运营期间,残疾人必须严格遵循相关法律法规及平台规章制度,确保经营活动的合法性与规范性,否则将面临法律制裁与行业处罚。

综上所述,符合条件的残疾人在网约车领域同样可以实现就业增收。但鉴于残疾人身体状况的多样性,他们在从事网约车服务时需格外注重安全驾驶与合规运营。同时,社会各界应加大对残疾人就业的支持力度,提供更多就业机会与保障措施,共同推动残疾人就业环境的优化。

## 第 48 问

## 盲人开设盲人医疗按摩所应遵循哪些要求？

根据《盲人医疗按摩管理办法》的规定，盲人开设盲人医疗按摩所应遵循以下要求。

盲人医疗按摩，是指由盲人从事的有一定治疗疾病目的的按摩活动。盲人医疗按摩属于医疗行为，应当在医疗机构中开展。盲人医疗按摩人员属于卫生技术人员，应当具备良好的职业道德和执业水平，其依法履行职责，受法律保护。盲人包括全盲和低视力者。

开办盲人医疗按摩所应当符合下列条件：（1）开办人应当为盲人医疗按摩人员；（2）至少有1名从事盲人医疗按摩活动5年以上的盲人医疗按摩人员；（3）至少有1张按摩床及相应的按摩所需用品，建筑面积不少于40平方米；（4）有必要的消毒设备；（5）有相应的规章制度，装订成册的国家制定或者认可的盲人医疗按摩技术操作规程；（6）能够独立承担法律责任；（7）有设区的市级残疾人联合会出具的同意开办盲人医疗按摩所的证明文件。

盲人医疗按摩所由县级卫生行政部门审批，符合条件的发给

## 四、残疾人劳动就业

《医疗机构执业许可证》,登记名称为识别名称+盲人医疗按摩所,诊疗科目为推拿科(盲人医疗按摩)。盲人医疗按摩所不登记推拿科(盲人医疗按摩)以外的诊疗科目,不设床位,不设药房(柜)。盲人医疗按摩所执业许可证的有效期为5年。

盲人医疗按摩人员在工作中享有下列权利:(1)参与技术经验交流,参加专业学术团体;(2)参加业务培训和继续教育;(3)在工作中,人格尊严、人身安全不受侵犯;(4)获取报酬;(5)对卫生工作提出意见和建议。

盲人医疗按摩人员在工作中应当履行下列义务:(1)遵守法律、法规、规章和相关技术操作规范;(2)树立敬业精神,遵守职业道德;(3)关心、爱护、尊重患者,保护患者的隐私;(4)接受培训和继续教育,努力钻研业务,提高专业技术水平。

盲人医疗按摩人员不得开展推拿(盲人医疗按摩)以外的医疗、预防、保健活动,不得开具药品处方,不得出具医学诊断证明,不得签署与盲人医疗按摩无关的医学证明文件,不得隐匿、伪造或者擅自销毁医学文书及有关资料。盲人医疗按摩所应当按照规定的执业地点和诊疗科目执业,不得开展盲人医疗按摩以外的医疗、预防、保健活动。非盲人不得在盲人医疗按摩所从事医疗、预防、保健活动。盲人医疗按摩人员不得利用职务之便,索取、非法收受患者财物或者牟取其他不正当利益。

# 五、残疾人文化生活权利

### 拓展延伸

残奥会全称是残疾人奥林匹克运动会，是世界性的残疾人运动会，每四年举办一次，旨在为残疾人提供展示自己体育才华和竞技水平的机会，同时也提高了残疾人的社会地位和自信心。

残奥会的比赛项目包括田径、游泳、自行车、射箭、轮椅篮球、盲人足球、乒乓球、羽毛球、轮椅击剑、盲人门球等。残奥会的比赛规则和奥运会有所不同，如在田径比赛中，残疾人可以使用假肢或助行器等辅助工具。

中国残奥委员会，原名中国残疾人体育协会，是全国性体育团体，由中央有关单位、全国性各类（或单项）残疾人群众体育组织、各省、自治区、直辖市、计划单列市及省会市残疾人体育协会自愿组成的非营利性社会组织。

## 五、残疾人文化生活权利

## 第 49 问

## 残疾人在文化生活上的权利与其他人是平等的吗？

残疾人在文化生活上享有同其他公民平等的权利。根据《残疾人保障法》第 3 条的规定，残疾人在政治、经济、文化、社会和家庭生活等方面享有同其他公民平等的权利。残疾人的公民权利和人格尊严受法律保护。禁止基于残疾的歧视。禁止侮辱、侵害残疾人。禁止通过大众传播媒介或者其他方式贬低损害残疾人人格。

为了确保残疾人能够全面平等地享受文化生活权利，各方积极采取了一系列综合性和针对性的措施，旨在打破障碍，促进融合，让残疾人能够无障碍地参与并享受丰富多彩的文化生活。

1. 完善无障碍环境建设。国家与社会一直致力于提供无障碍的文化环境。近年来，许多公共场所、文化设施和活动场所进行了无障碍改造，如提供无障碍通道、轮椅通道、辅助听觉设备、公共场合供导盲犬出入等，以保障残疾人能够平等进入和利用。

2. 加强文化活动的普及与推广。政府和文化机构积极推动残疾人参与各类文化活动，如艺术展览、演出、电影放映等。一些文化活动还特别为残疾人提供适应其需求的服务和设施。

3. 提供包容性教育与相应的培训。政府与社会组织都提供了包容性教育和相应的培训，帮助残疾人获得音乐、舞蹈等方面的专业培训，提高他们在文化创作和表达方面的能力。

4. 加大法律保障和执法力度。相关法律明确规定了残疾人在文化领域享有的平等权利，并对侵犯残疾人权益的行为进行了明确的禁止和惩罚。相关部门对违法行为进行监督检查，保护残疾人的权益。

虽然残疾人在文化生活上的权利与其他人是平等的，但仍然存在一些实际的困难和挑战，如无障碍环境建设仍有不足、文化活动的覆盖面不够广泛等。这需要进一步完善政策和措施，确保残疾人享有平等参与文化生活的权利。

五、残疾人文化生活权利

## 第 50 问

## 残疾人在体育发展方面能获得哪些保障？

残疾人享有平等参与体育、娱乐、文化活动的权利，有权享受体育运动和体育竞赛的机会。政府应当提供适应残疾人需要的体育设施、器材和训练等服务。

具体而言，残疾人在体育发展方面能获得以下方面的保障：

1. 残疾人平等参与体育的权利保障。残疾人在法律上享有与普通人相同的参与体育的权利，包括参加体育比赛、接受体育训练、参与体育活动等。

2. 残疾人的体育设施和器材能正常使用的保障。政府和社会应当为残疾人提供必要的体育设施和器材，保障残疾人参加体育活动的基本条件。

3. 残疾人接受体育教育的保障。政府和社会应当为残疾人提供体育教育，帮助残疾人掌握体育技能，提高体育水平。

4. 残疾人参加体育比赛的必要保障。政府和社会应当为残疾人参加体育比赛提供必要的保障，包括比赛场地、比赛设施、比赛安全等。

5.残疾人参加体育活动的权利不被侵犯的保障。政府和社会应当加强对残疾人参加体育活动的法律保护,保障残疾人的合法权益,防止任何形式的歧视和侵犯。

残疾人在体育发展方面可以获得多方面的支持和保护,以保障其参与体育活动的基本权利和条件,促进其体育水平的提高。

## 第51问

## 残疾人发挥自身体育特长的途径有哪些？

1.加入残疾人体育组织。有体育特长的残疾人可以加入当地的残疾人体育组织，它们通常提供专业的体育培训和指导，帮助残疾人发展和发挥自身体育特长。

2.参加残疾人体育竞赛。残疾人可以参加各种残疾人体育竞赛，通过比赛的方式展示自己的体育特长。残疾人体育竞赛通常由残疾人体育组织、地方政府或其他相关机构组织。如果在某些体育项目方面比较擅长，成绩较为突出，还有机会参与国际性比赛，如残奥会等，为国争光。

3.获得体育教育和培训机构的支持。我国一些体育教育和培训机构也会提供培训和指导，帮助残疾人发展体育特长。残疾人可以参加这些机构的培训班或特殊课程，提升自身的体育水平。

4.利用线上资源制订个性化运动计划。如今，许多运动应用程序（App）和平台提供适合残疾人的运动资源，如提供可定制化运动计划的视频教程和无障碍指南，帮助残疾人随时随地进行锻炼。这些线上资源和App不仅方便残疾人进行体育锻炼，还能为他们提供更多的体育知识和技能。

通过以上途径，残疾人可以发挥自身体育特长，并有机会参与各种体育活动和竞赛，享受体育带来的乐趣和成就感。

五、残疾人文化生活权利

## 第 52 问

## 政府和社会可以采取哪些措施丰富残疾人的精神文化生活？

根据《残疾人保障法》等法律法规的规定，政府和社会可以采取下列措施，丰富残疾人的精神文化生活：

1.提供无障碍文化设施和场所。例如，积极改造和建设无障碍文化设施和场所，包括博物馆、艺术展览馆、剧院、图书馆等，确保残疾人能够便利地进入和利用这些场所。例如，《电影产业促进法》第28条第2款规定："国家鼓励电影院以及从事电影流动放映活动的企业、个人采取票价优惠、建设不同条件的放映厅、设立社区放映点等多种措施，为未成年人、老年人、残疾人、城镇低收入居民以及进城务工人员等观看电影提供便利；电影院以及从事电影流动放映活动的企业、个人所在地人民政府可以对其发放奖励性补贴。"

2.开展文化娱乐活动。如文艺演出、音乐会、展览、读书会等，为残疾人提供丰富多彩的文化娱乐体验。

3.提供文化教育机会。政府可以投资建设特殊教育学校，为残疾人提供文化教育机会，帮助他们学习文化知识和技能。政府和社会组织可以提供适应残疾人需求的文化艺术教育和培训，帮助他们提升艺术创作和表达的能力。这些教育和培训活动可以涵盖绘画、音乐、舞蹈、戏剧等多个领域。

4. 鼓励残疾人文化创作和表达。政府和社会可以鼓励和支持残疾人的文化创作和表达，为他们提供展示和交流的平台。例如，举办残疾人艺术展览、出版残疾人文学作品等。

5. 提供文化交流机会。政府可以组织残疾人进行文化交流活动，如参加国际文化交流活动、参观博物馆和艺术展览等，使参与者开阔眼界，了解不同文化。

6. 提供无障碍文化信息和媒体服务。政府和媒体可以提供无障碍的文化信息和媒体服务，确保残疾人能够获取与文化生活相关的信息。例如，提供易读、易懂的文化信息、音频描述服务等。

7. 提供辅助性技术和服务。政府可以提供辅助性技术和服务，帮助残疾人在文化活动中更好地参与和享受，如提供辅助听觉设备、辅助阅读设备、视觉助具等。

8. 加强宣传。政府可以加强对残疾人精神文化生活的宣传，提高公众对残疾人文化娱乐需求的认识和关注度，促进社会的包容和融合。

### 五、残疾人文化生活权利

通过这些措施，可以有效丰富残疾人的精神文化生活，为残疾人提供平等参与文化活动的机会，推动残疾人权益的实现和社会的包容与融合。

## 第 53 问

## 影视节目中丑化残疾人形象应当怎么办？

影视节目作为重要的文化传播媒介，应该承担起传递正确价值观和积极形象的责任。然而，在现实中，一些影视节目却通过丑化残疾人形象来迎合某些观众的偏见和刻板印象。例如，在某些犯罪片、恐怖片或漫画中，残疾人常常被设定为反派角色或受到歧视的对象。这些作品通过特定的情节和表现手法，将残疾人形象与负面特质相联系，将残疾人形象刻板化、负面化，传递出"残疾等于邪恶"的负面信息。这种做法不仅损害了残疾人的形象和尊严，也误导了观众对残疾人的认知和态度。

《残疾人保障法》第3条第3款规定："禁止基于残疾的歧视。禁止侮辱、侵害残疾人。禁止通过大众传播媒介或者其他方式贬低损害残疾人人格。"如果某一影视形象影射或指向特定的残疾人，并对该形象超出艺术创作范畴予以扭曲、丑化，带有明显的贬低和损害意味，残疾人或残疾人组织可以向有关部门投诉，要求依法处理。《残疾人保障法》第62条规定："违反本法规定，通过大众传播媒介或者其他方式贬低损害残疾人人格的，由文化、

## 五、残疾人文化生活权利

广播电视、电影、新闻出版或者其他有关主管部门依据各自的职权责令改正,并依法给予行政处罚。"受影响的个人还可以提起名誉权诉讼,要求侵权方停止侵害、消除影响、恢复名誉、赔礼道歉,并索赔经济损失和精神损害赔偿。

尊重残疾人的人格尊严和基本人权,是社会文明进步的体现。禁止丑化残疾人形象有助于维护残疾人的尊严和权利,减少社会歧视和偏见,推动社会公平正义,通过构建一个包容性更强的社会环境,让残疾人能够更好地融入社会,享受平等的社会参与机会。

## 第 54 问

## 未经著作权人许可，向不特定用户提供无障碍电影在线播放服务是否合法？

**案例：** 涉案电影于2016年上映，甲公司经授权获得涉案影片的独占性信息网络传播权。2020年1月，甲公司通过手机号登录方式进入乙公司运营的App（以下简称涉案App），通过查找可找到并正常播放与涉案影片同名的影片，该影片播放过程中展示有"无障碍电影"字样，经比对，涉案App提供的同名影片播放内容，系仅在涉案影片画面及声效基础上添加相应配音、手语翻译及声源字幕，并在片头、片尾添加署名内容。涉案App并未提供任何验证机制以保障登录用户为特定的残障人士，任意公众均可登录。甲公司认为乙公司的行为不符合《著作权法》合理使用的规定，亦不适用于《残疾人权利公约》《马拉喀什条约》精神及内容，其行为侵害了甲公司对涉案影片享有的独占性信息网络传播权。故请求法院判令被告停止侵权，赔偿经济损失及合理开支。

无障碍电影是公共文化服务的重要组成部分。无障碍电影通

## 五、残疾人文化生活权利

过重新剪辑或增补配音解说、增配字幕及手语解说等方式，让残疾人特别是视障和听障人士无障碍地感知光影世界。

《著作权法》第24条规定："在下列情况下使用作品，可以不经著作权人许可，不向其支付报酬，但应当指明作者姓名或者名称、作品名称，并且不得影响该作品的正常使用，也不得不合理地损害著作权人的合法权益……（十二）以阅读障碍者能够感知的无障碍方式向其提供已经发表的作品……"该条规定明确了以阅读障碍者能够感知的无障碍方式向其提供已经发表的作品构成合理使用法定方式之一，这为无障碍电影作品的发展提供了有效的法律支撑。

本案中，乙公司是否构成侵权，根据上述法条的规定，主要应考虑三个方面的内容"以阅读障碍者能够感知的无障碍方式向其提供已经发表的作品"、"不得影响该作品的正常使用"以及"不得不合理地损害著作权人的合法权益"。本案中，涉案影片无障碍版能够实质呈现涉案影片的具体表达，公众可通过观看或收听的方式完整地获悉涉案影片的全部内容，被诉侵权行为对涉案影片起到了实质性替代作用，影响了涉案影片的正常使用；涉案App面向不特定的社会公众开放，导致原属于授权播控平台的相关流量被分流，势必会影响甲公司通过授权涉案影片使用获得的经济利益，造成了对著作权人合法权益的损害。因此，乙公司不构成合理使用。

《以无障碍方式向阅读障碍者提供作品暂行规定》第3条规定:"依据著作权法第二十四条第一款第十二项规定,可以不经著作权人许可,不向其支付报酬,将已经发表的作品制作成无障碍格式版并向阅读障碍者提供,但应当遵守下列要求:(一)指明作者姓名或名称、作品名称;(二)使用有合法来源的作品;(三)尊重作品完整性,除让阅读障碍者能够感知并有效使用所需要的修改外,不得进行其他修改;(四)在作品名称中以适当显著的方式标注'阅读障碍者专用';(五)仅限通过特定渠道向可以提供相关证明的阅读障碍者或无障碍格式版服务机构提供,不得向其他人员或组织提供或开放服务;(六)采取身份认证、技术措施等有效手段防止阅读障碍者以外的人员或组织获取、传播;(七)向阅读障碍者提供的无障碍格式版类型应当仅限于满足其合理需要;(八)不以营利为目的;(九)未以其他方式影响作品的正常使用或不合理地损害著作权人的合法权益。"

无障碍电影的发展有助于弥合"数字鸿沟",帮助残疾人跨越数字时代的障碍,享受数字化带来的便利。但无障碍电影的发展应当建立在尊重和保护知识产权的基础上,只有依法保障著作权人的合法权利,才能更好地激发创新活力,创作更多的优秀作品，相关团体及公司企业可积极探索在通过技术手段保证使用受众为特定残障人士的前提下，通过信息网络合法合规地提供无障碍电影。

## 第55问

## 精神残疾人在直播平台充值打赏能撤回吗?

**案例**：2016年7月，甲被诊断为双相情感障碍，伴有精神病性症状的躁狂发作。2020年7月初，甲精神疾病复发，存在情绪易激惹、行为冲动鲁莽、幻视等症状，经门诊治疗用药后病情加剧，7月10日住院治疗，7月20日出院。2020年7月1日至9日，甲贷款13万元，在直播平台充值打赏主播共计16.7万元。甲认为其在精神病发作期间系不能完全辨认自己行为的成年人，其实施的巨额打赏行为与其精神健康状况不相适应，是无效民事法律行为，遂诉至法院，请求某网络科技公司返还16.7万元。法院受理该案后，及时委托司法鉴定机构对甲进行民事行为能力鉴定。经鉴定，甲在2020年7月1日至9日，患有精神病性症状的躁狂症，为限制民事行为能力人。在法院主持下，双方当事人自愿达成调解协议，某网络科技公司退回甲16万元。

正常情况下，在直播平台充值打赏主播的行为一旦发生，不能撤回。但《民法典》第22条规定："不能完全辨认自己行为的成年人为限制民事行为能力人，实施民事法律行为由其法定代理人代理或者经其法定代理人同意、追认；但是，可以独立实施纯获利益的民事法律行为或者与其智力、精神健康状况相适应的民事法律行为。"据此，精神残疾人打赏能否撤回需要分情况讨论。第一，如果精神残疾人被认定为无民事行为能力人，在直播平台充值打赏的行为无效，因此可以撤回。第二，如果精神残疾人被认定为限制民事行为能力人，其在精神病发作期间实施的与其精神健康状况不相适应的巨额打赏行为，且该打赏行为未经其法定代理人同意、追认的，则该行为无效，残疾人可以请求直播平台返还打赏金额。第三，如果精神残疾人在打赏时具有完全民事行为能力，即能够辨认自己的行为并承担相应的法律后果，那么在直播平台充值打赏的行为通常被视为有效，无法撤回。

此外，如果精神残疾人的打赏行为是基于错误认识，如受到欺诈或误导，也可以主张撤回打赏。如果精神残疾人在打赏后生活陷入困难，也可以从人道主义和公平原则出发，与直播平台协商退回部分或全部打赏。

就撤回充值打赏的具体操作而言，建议先查看平台的相关规定，了解是否有撤回渠道，同时积极与平台进行协商，请求确认充值打赏行为无效并要求撤回。如果协商无果，法定代理人可以向人民法院提起诉讼，请求法院确认充值打赏的行为无效，并要求直播平台返还相关款项。

# 六、残疾人社会保障

### 拓展延伸

12385全国残疾人服务热线，是经工业和信息化部核准，为残疾人提供政策咨询、意见建议、生活帮助等服务的统一的社会公益性电话，由中国残联和省、市三级残联分级建设呼叫中心（坐席），实现残疾人服务"一号通"。

服务热线收录了与残疾人日常生活密切相关的国家法律法规、司法解释以及相关部门涉及的残疾人政策等。服务热线人工受理时间是每周一至周五上午8点至12点、下午1点至5点，其余时间为自动语音咨询引导服务。

六、残疾人社会保障

# 第 56 问

## 宪法和法律对残疾人社会保障主要有哪些规定？

残疾人社会保障是一项综合性的制度性安排和服务体系，旨在确保残疾人在各个领域享有平等权利和特殊保障，促进他们的全面发展和融入社会。国家和社会应制定和完善针对残疾人的社会保障政策，包括社会保险、社会救助、社会福利等，以确保残疾人在各个方面都能得到充分的保障。

《宪法》第 45 条规定："中华人民共和国公民在年老、疾病或者丧失劳动能力的情况下，有从国家和社会获得物质帮助的权利。国家发展为公民享受这些权利所需要的社会保险、社会救济和医疗卫生事业。国家和社会保障残废军人的生活，抚恤烈士家属，优待军人家属。国家和社会帮助安排盲、聋、哑和其他有残疾的公民的劳动、生活和教育。"

《残疾人保障法》第 46 条规定："国家保障残疾人享有各项社会保障的权利。政府和社会采取措施，完善对残疾人的社会保障，保障和改善残疾人的生活。"该法针对与残疾人相关的社会保险、社会救助、供养与托养、交通与电信优惠、社会捐助与服务等作出了规定。

《社会保险法》规定了社会保险的范围和保障对象，残疾人可以参加社会保险，并享受相应的社会保险待遇，包括养老保险、医疗保险、工伤保险和失业保险等。

《社会救助暂行办法》从最低生活保障、特困人员供养、医疗救助以及综合措施等多个方面，为残疾人提供了全面的社会救助保障。

《工伤保险条例》为因工作导致残疾的职工提供了全面的工伤保险待遇和保障措施，包括工伤认定、劳动能力鉴定、工伤保险待遇以及其他相关待遇等。

《军人抚恤优待条例》为残疾军人提供了全面的抚恤和优待政策，涵盖了交通、教育、生活、医疗等多个方面，旨在全方位地保障他们的合法权益和生活品质。

六、残疾人社会保障

# 第 57 问

## 残疾人参加社会保险有哪些要求？

1.平等参加社会保险。根据《残疾人保障法》第38条第2款的规定，在职工的招用、转正、晋级、职称评定、劳动报酬、生活福利、休息休假、社会保险等方面，不得歧视残疾人。据此，残疾人与普通人一同享有参加社会保险的权利与福利，任何单位和个人均不得歧视残疾人。

2.依法参加社会保险。根据《残疾人保障法》第47条第1款的规定，残疾人及其所在单位应当按照国家有关规定参加社会保险。

3.保障残疾人参加社会保险。除前述的让残疾人平等参与社会保险以及保障其依法参加社会保险外，根据《残疾人保障法》第47条第2款的规定，残疾人所在城乡基层群众性自治组织、残疾人家庭，应当鼓励、帮助残疾人参加社会保险。

4.给予社会保险补贴。根据《残疾人保障法》第47条第3款的规定，对生活确有困难的残疾人，按照国家有关规定给予社会保险补贴。

## 第 58 问

## 残疾人如何获得社会救助？

根据《残疾人保障法》第 48 条的规定，各级人民政府对生活确有困难的残疾人，通过多种渠道给予生活、教育、住房和其他社会救助。县级以上地方人民政府对享受最低生活保障待遇后生活仍有特别困难的残疾人家庭，应当采取其他措施保障其基本生活。各级人民政府对贫困残疾人的基本医疗、康复服务、必要的辅助器具的配置和更换，应当按照规定给予救助。对生活不能自理的残疾人，地方各级人民政府应当根据情况给予护理补贴。

《社会救助暂行办法》对残疾人的社会救助还作出了如下规定：第一，国家对共同生活的家庭成员人均收入低于当地最低生活保障标准，且符合当地最低生活保障家庭财产状况规定的家庭，给予最低生活保障。对获得最低生活保障后生活仍有困难的重度残疾人，县级以上地方人民政府应当采取必要措施给予生活保障。第二，国家对无劳动能力、无生活来源且无法定赡养、抚养、扶养义务人，或者其法定赡养、抚养、扶养义务人无赡养、抚养、扶养能力的残疾人，给予特困人员供养。第三，国家对在

## 六、残疾人社会保障

义务教育阶段就学的最低生活保障家庭成员、特困供养人员,给予教育救助。对不能入学接受义务教育的残疾儿童,根据实际情况给予适当教育救助。第四,公安机关和其他有关行政机关的工作人员在执行公务时发现流浪、乞讨人员的,应当告知其向救助管理机构求助。对其中的残疾人,应当引导、护送到救助管理机构。

此外,如残疾人确有需要,还可以寻求残疾人组织以及社会福利机构帮助,如康复服务、日间照料、心理支持等。

具体的社会救助政策和需要的申请材料可能因地区不同而有所差异。残疾人及其家属可以咨询当地的残疾人联合会、民政部门或社会福利机构,以获取详细的信息和帮助。

## 第 59 问

## 如何救助在公共场所乞讨的残疾人？

首先，观察残疾人的乞讨行为及其身体状况，初步判断其是否需要紧急救助。同时，注意保持适当的距离和尊重，避免造成不必要的恐慌或伤害。以友善、尊重的态度与残疾人接触，询问其是否需要帮助。在接触过程中，要保持耐心和同理心，避免使用可能引起对方不适的语言或行为。

其次，向残疾人说明救助管理机构的存在及其功能，鼓励其主动寻求帮助。如果残疾人同意接受救助，可以引导或护送其前往附近的救助管理机构。《城市生活无着的流浪乞讨人员救助管理办法》第7条规定："救助站应当根据受助人员的需要提供下列救助：（一）提供符合食品卫生要求的食物；（二）提供符合基本条件的住处；（三）对在站内突发急病的，及时送医院救治；（四）帮助与其亲属或者所在单位联系；（五）对没有交通费返回其住所地或者所在单位的，提供乘车凭证。"

再次，如果残疾人存在疑似走失、被虐待或需要紧急医疗救助的情况，应及时拨打110报警电话，请求警方协助处理。如果

## 六、残疾人社会保障

残疾人患有急病或需要专业医疗照顾，应拨打120急救电话，由医疗机构进行救治。同时，可以联系救助管理机构进行后续跟进和照料。同时向当地民政部门或社会救助机构报告残疾人的情况，以便他们提供必要的救助和支持。

最后，在救助过程中，要注意识别职业乞讨者。职业乞讨者通常具有劳动能力但不自食其力，通过伪装、欺骗等手段非法获得收入。对于这类人员，应避免盲目施舍财物，以免助长其不劳而获的行为。如果构成恶性乞讨，如强行向路人乞讨，此类乞讨者将面临行政处罚。《治安管理处罚法》第41条规定："胁迫、诱骗或者利用他人乞讨的，处十日以上十五日以下拘留，可以并处一千元以下罚款。反复纠缠、强行讨要或者以其他滋扰他人的方式乞讨的，处五日以下拘留或者警告。"此外，《刑法》第262条之一规定："以暴力、胁迫手段组织残疾人或者不满十四周岁的未成年人乞讨的，处三年以下有期徒刑或者拘役，并处罚金；情节严重的，处三年以上七年以下有期徒刑，并处罚金。"

## 第 60 问

## 什么是残疾人供养、托养？

《残疾人保障法》第49条规定，地方各级人民政府对无劳动能力、无扶养人或者扶养人不具有扶养能力、无生活来源的残疾人，按照规定予以供养。国家鼓励和扶持社会力量举办残疾人供养、托养机构。残疾人供养、托养机构及其工作人员不得侮辱、虐待、遗弃残疾人。

残疾人供养是指国家对无劳动能力、无生活来源且无法定赡养、抚养、扶养义务人，或者其法定赡养、抚养、扶养义务人无赡养、抚养、扶养能力的残疾人，给予特困人员供养的一项社会保障制度。根据《社会救助暂行办法》第15条第1款的规定，残疾人供养的内容包括：（1）提供基本生活条件：确保残疾人拥有满足其基本生活需求的生活条件，包括吃、穿、住等。（2）对生活不能自理的给予照料：对于生活不能自理的残疾人，提供必要的照料服务，包括日常护理、生活协助等。（3）提供疾病治疗：为残疾人提供必要的医疗服务和疾病治疗，确保其身体健康。（4）办理丧葬事宜：在残疾人去世时，为其办理丧葬事宜，提供必要的殡葬服务。根据第16条第1款的规定,申请特困人员供养,由本人向户籍所在地的乡镇人民政府、街道办事处提出书面申请;本人申请有困难的,可以委托村民委员会、居民委员会代为提出申请。

残疾人托养服务是为就业年龄段有需求的智力、精神和重度残疾人提供生活照料护理、生活自理和社会适应能力训练、运动功能训练、职业康复与劳动技能训练的服务,目的是帮助这些"学校已离开、医院收不了、企业进不去、家庭供不起,其他公共服务长期不能覆盖"的困难成年残疾人克服社会认知、参与能力和自理能力方面的障碍,平等参与社会生活,从而减轻残疾人家庭负担,促进社会和谐稳定。2020年1月1日,《就业年龄段智力、精神及重度肢体残疾人托养服务规范》(GB/T 37516—2019)正式实施,这是我国残疾人服务领域出台的首个国家标准。该标准明确了标准的适用范围,对术语和定义进行了规定。重点从基本要求、岗位设置与人员配备、场所要求三个维度对残疾人托养服务机构提出了规范性要求,并对其服务内容、服务过程和管理内容作出了具体的规定。此外,从评价主体、评价方式、评价内容、评价结果、服务持续改进五个方面对残疾人托养服务质量评价提出了规范性要求。

残疾人供养与托养制度在保障残疾人基本生活、提升生活质量、促进康复进程、增强社会适应能力以及推动残疾人事业发展等方面具有重要价值和意义。这些制度的实施有助于消除社会对残疾人的歧视和偏见，促进社会的公平和正义，推动社会的和谐稳定。

## 六、残疾人社会保障

## 第 61 问

## 残疾人在社会生活方面享有哪些优待？

结合《残疾人保障法》等法律法规的规定，残疾人在社会生活中享受以下优待：

一是县级以上人民政府对残疾人搭乘公共交通工具，应当根据实际情况给予便利和优惠。残疾人可以免费携带随身必备的辅助器具。

二是盲人持有效证件免费乘坐市内公共汽车、电车、地铁、渡船等公共交通工具。

三是盲人读物邮件免费寄递。根据《邮政法》第15条第2款的规定，邮政企业按照国家规定办理盲人读物免费寄递的特殊服务业务。

四是国家鼓励和支持提供电信、广播电视服务的单位对盲人、听力残疾人、言语残疾人给予优惠。根据《中国残联、工业和信息化部关于支持视力、听力、言语残疾人信息消费的指导意见》的规定，各通信管理局要加强指导，推动基础电信企业推出对视力、听力、言语残疾人的资费优惠方案，总结推广本企业已有的信息优惠措施,对持证视力、听力、言语残疾人使用固定电话、移动电话、宽带网络服务等费用予以适当优惠。互联网企业应积极主动为视力、听力、言语残疾人从事网络创业、电商交易提供支持,给予费用优惠。各级残联要协调本地区数字电视公司对视力、听力、言语残疾人安装、使用数字电视服务费用予以减免。

# 六、残疾人社会保障

## 第 62 问

## 残疾人异地乘坐公交被拒,如何依法维权?

**案例**:甲为肢体四级残疾,户籍甲市。某日,甲在乙市乘坐某公交客运公司公交车时,出示其持有的《中华人民共和国残疾人证》,要求免费乘车,该车驾驶员以其非本市人为由拒绝其免费乘坐,双方发生纠纷。甲向人民法院起诉,请求判令某公交客运公司赔礼道歉、承认错误;赔偿其交通费用、住宿费、餐饮费、误工费、精神损害赔偿金等各项损失共计45254.6元。

法院经审理认为,残疾人享有乘车优惠的权利受法律保护。《残疾人保障法》第46条第1款规定,国家保障残疾人享有各项社会保障的权利。第50条第1款规定,县级以上人民政府对残疾人搭乘公共交通工具,应当根据实际情况给予便利和优惠。某公交客运公司作为公共交通运营企业,应当本着保障残疾人享有各项社会福利的原则,给予外地残疾人更为简便、灵活的免费乘车服务。某公交客运公司拒绝甲免费乘坐,侵害了残疾人甲的免费乘车权,应承担相应的法律责任。遂判决某公交客运公司赔偿甲2528元。

本案中,法院的裁判结果充分保障了残疾人参与社会生活的权利。当残疾人乘坐公共交通时遇到司机不提供应有的优惠或免费服务时，可以采取以下步骤来合理、有序地解决问题。

1.与司机师傅沟通协商。可以向司机师傅询问相关优惠或者免费的政策规定，并核查自身是否符合优惠或者免费的条件。

2.如符合条件，可以出示相关证件，如残疾人证等，以证明残疾人的身份。

3.在出示证件后，司机师傅仍不按照规定给予优惠或者免费，残疾人乘客可以记录下公交车的相关信息（如车牌号、司机姓名等），并拍摄或保存相关证据（如视频、照片等）。随后，可以向公交公司或相关监管部门进行投诉，并提供详细的证据和情况说明。

4.如在协商和沟通的过程中，司机师傅有不恰当的行为或者公司仍然未有解决的办法或者未能解决，残疾人乘客可以向相关部门投诉寻求解决。

5.如果投诉未能解决问题，可以考虑咨询律师或法律援助机构，了解进一步的法律救济措施。

为了避免类似情况再次发生，残疾人可以积极参与相关宣传和教育活动，提高公众对残疾人权益的认识和尊重。同时，也可以向公交公司或相关部门提出建议，加强对司机的培训和宣传，确保他们了解并遵守相关政策规定。

六、残疾人社会保障

## 第 63 问

## 什么是残疾人两项补贴？

为解决残疾人特殊生活困难和长期照护困难，根据《国务院关于全面建立困难残疾人生活补贴和重度残疾人护理补贴制度的意见》的要求，2016年1月1日，我国全面建立困难残疾人生活补贴和重度残疾人护理补贴制度（以下简称残疾人两项补贴制度）。2021年8月，为进一步完善残疾人两项补贴制度，关注解决困难残疾群众的急难愁盼，为残疾人群众办好实事，民政部、财政部、中国残联共同印发了《民政部、财政部、中国残联关于进一步完善困难残疾人生活补贴和重度残疾人护理补贴制度的意见》。结合上述规定，残疾人两项补贴制度的要点如下。[①]

1. 可以申请残疾人两项补贴的人群有：低保家庭中的残疾人可以申请困难残疾人生活补贴，残疾等级被评定为一级、二级的重度残疾人可以申请重度残疾人护理补贴。补贴标准由省级人

---

[①] 《残疾人两项补贴政策问答》，载中国残疾人联合会网站 https://www.cdpf.org.cn/zwgk/zcwj/zcjd/d45f5646f1c14767a517dc15c941c6a0.htm，最后访问时间：2024年12月6日。

民政府根据经济社会发展水平和残疾人生活保障需求、长期照护需求统筹确定，并适时调整。在实施过程中，不少地区在国务院文件的基础上，基于本地区经济社会发展条件和水平，合理扩大了残疾人两项补贴对象范围，生活补贴对象延伸至低保边缘家庭残疾人及其他困难残疾人，护理补贴覆盖范围延伸至三、四级智力、精神残疾人等。本地区残疾人两项补贴具体范围可向当地残联、民政或街道（乡镇）等有关部门咨询。

2.残疾人两项补贴的申请要求：残疾人证是认定残疾人及其残疾类别、残疾等级的合法凭证，是残疾人依法享有国家和地方政府优惠政策的重要依据。申请残疾人两项补贴首先应合法持有第二代中华人民共和国残疾人证。残疾人两项补贴采取自愿申请原则，持证残疾人认为自己符合补贴申领条件，可以向所在地民政、残联或所在街道办事处或乡镇人民政府设立的残疾人两项补贴受理窗口提出申请并按要求提交相关证明材料。如果行动不便，可委托残疾人的法定监护人，法定赡养、抚养、扶养义务人，所在村民（居民）委员会或其他委托人可以代为办理申请事宜。补贴资格审定合格的残疾人自递交申请当月计发补贴。

3.已经享受残疾人两项补贴的残疾人，可能停发或退出的情形有：（1）当出现残疾人退出低保、低保边缘家庭范围，残疾等级变更后不属于补贴发放范围，死亡、户籍迁出、残疾人证过

## 六、残疾人社会保障

期、残疾人证冻结、残疾人证注销等不再符合补贴条件的,次月停止发放补贴。对享受补贴期间被人民法院判处有期徒刑以上刑罚,且需在监狱服刑的残疾人,自判决生效后次月起停发补贴,服刑期满后符合条件的可重新按照程序申请补贴。(2)残疾人跨省户籍迁移的,应及时向新户籍地县级残联申请更换残疾人证,并在新户籍地提出补贴申请。原户籍地原则上会在户籍迁出次月停发补贴。如在省内进行户籍迁移的,可咨询当地有关部门,根据当地具体规定决定是否需要换领残疾人证或重新提出补贴申请。(3)残疾人证有效期期满临近可到县级残联免费申请换领。由于残疾人证换领需要一定时间,县级残联将在残疾人证有效期不足半年(含)时通知提醒换证,残疾人一定要主动关注,以免因残疾人证到期导致补贴停发。(4)重新办理残疾人证并提出补贴申请的,应于新残疾人证发证当月计发补贴,同时可视情况按照新发残疾人证登记的类别和等级对应的补贴标准补发最多不超过3个月的补贴。(5)残疾人去世的,亲属或法定监护人,法定赡养、抚养、扶养义务人,应主动告知所在地残联和民政部门,及时停发补贴。

## 第64问

### 国家在发展残疾人慈善事业方面承担哪些社会责任?

尊重和保障残疾人的平等权利,使他们能充分参与社会生活,是国家的重要责任。

1.法律法规的保障。要发展残疾人慈善事业,需要有相应的法律法规保障,如《残疾人保障法》等。要明确残疾人慈善事业的发展目标和原则,确保残疾人慈善事业的合法性、规范性和可持续性。

2.政策引导和支持。国家通过政策引导和支持,鼓励社会力量参与残疾人慈善事业。这包括税收优惠政策、土地使用权优惠、财政拨款等,为残疾人慈善事业提供支持。

3.提供资金支持。国家通过财政拨款、税收优惠和专项基金等形式,为残疾人慈善事业提供资金支持。这些资金用于改善残疾人的生活条件、提供医疗救助、开展康复训练等。

4.专业培训和支持。国家提供专业培训和指导,以提升残疾人慈善事业的专业水平和服务质量。这包括组织培训班、召开研讨会、提供咨询等，为慈善机构和人员提供专业知识和技能支持。

5.监督和评估。国家加强对残疾人慈善事业的监督和评估，确保慈善资金的使用和管理符合相关规定和标准。这包括设立监督机构、建立监督制度、加强信息公开等，以保障慈善事业的透明度和效益。

6.加强宣传。国家通过宣传残疾人慈善事业有关知识，提高公众对残疾人慈善事业的认识和关注度，鼓励更多的人参与到残疾人慈善事业中来。

7.加强和推动残疾人慈善事业的创新发展。国家鼓励和支持残疾人慈善事业的创新发展，通过技术创新、形式创新、服务创新等方式，推动残疾人慈善事业的健康发展。

国家在承担着发展残疾人慈善事业的社会责任，提升残疾人的福祉和生活质量的同时，还鼓励和支持社会力量的参与，共同推动残疾人慈善事业的发展。

## 第 65 问

## 具有助残公益性质的赠与能否撤销？

**案例**：甲系严重困难户，四级视力残疾人，身患慢性肾脏病5期、肺部感染等多种疾病。2022年1月，甲在某直播平台实名注册后，在直播间唱歌、拉二胡，乙是直播间的一个用户，出于对甲演唱技巧的欣赏，在平台上对甲进行过"打赏"。甲、乙通过案涉平台相识后，甲将自身生活、经济及身体健康等状况如实告知了乙，乙为帮助甲，自愿向甲转账7笔共计50000元，其中30000元用于购买电动汽车。之后，甲、乙相互将电话、微信拉黑，再无联系。2023年1月9日，乙向法院提起诉讼，要求甲归还乙向其转账的20000元及电动汽车。

《公益事业捐赠法》第4条规定："捐赠应当是自愿和无偿的，禁止强行摊派或者变相摊派，不得以捐赠为名从事营利活动。"本案中，甲将自身生活、经济及身体健康等状况如实告知了乙，并未对乙有所隐瞒或主动向乙索要财物，乙自愿给甲转款、为其购买电动汽车，实际上是对甲的帮扶和资助，甲也实际接受了乙的帮扶和资助，甲、乙之间形成的是具有公益、道德义务性质的赠与合同法律关系,且赠与关系已经成立。《民法典》第658条规定:"赠与人在赠与财产的权利转移之前可以撤销赠与。经过公证的赠与合同或者依法不得撤销的具有救灾、扶贫、助残等公益、道德义务性质的赠与合同,不适用前款规定。"据此,乙要求甲返还赠与财产没有法律依据。

## 第 66 问

## 社会工作者如何在残疾人的社会保障方面发挥积极作用？

社会工作者，简称社工，是指在社会福利、社会救助、社会慈善、残障康复、优抚安置、医疗卫生、青少年服务、司法矫治等社会服务机构中从事专门性社会服务工作的专业技术人员。

在我国，社会工作者可以在残疾人的社会保障方面发挥积极作用。

1.社会工作者可以开展宣传和教育活动。社会工作者可以通过开展宣传和教育活动，向残疾人及其家庭介绍相关法律法规和政策，让他们了解自己的权益和福利。社会工作者可以通过组织讲座、培训班等形式，提供信息和指导，帮助残疾人了解并行使自己的社会保障权利。

2.社会工作者可以协助残疾人进行社会保障的申请，代理各种事项。社会工作者可以帮助残疾人填写申请表格，收集所需的材料，协助办理相关手续，并代表残疾人与相关部门沟通和协商，以确保残疾人的权益得到保障。

## 六、残疾人社会保障

3.社会工作者可以为残疾人提供支持和辅助,帮助他们克服困难,实现社会保障的目标。社会工作者可以提供心理支持、信息咨询、法律援助等服务,帮助残疾人理解和解决社会保障问题,提升他们的自主能力和权益保障能力。

4.社会工作者可以倡导和监督残疾人社会保障的实施。社会工作者可以倡导残疾人社会保障方面的改革和政策优化。他们可以参与相关决策过程,提出建议和意见,推动政府和社会各界加强残疾人社会保障工作。同时,社会工作者也可以监督社会保障机构的工作,监督政府的政策实施情况,确保残疾人社会保障工作的公正和有效。

通过发挥所长,社会工作者可以为残疾人的社会保障提供专业和全面的支持,为增进残疾人的福祉贡献力量。

## 第 67 问

## 见义勇为致残后可以得到哪些特别保障？

**案例**：甲是某公司的员工。在一天上班途中，甲发现有人持刀行凶，遂上前制止，并在其他人的帮助下将持刀行凶者制服送至公安局。但甲因刀伤严重至十级伤残。相关部门认定甲系见义勇为并给予了表彰。甲因就医和误工产生了不少损失，于是要求公司为其申报工伤。公司却认为甲并不是在工作时间、工作场所，由于工作原因受到伤害，不符合工伤认定的条件。根据《工伤保险条例》第 15 条第 2 款的规定，在抢险救灾等维护国家利益、公共利益活动中受到伤害的，视同工伤。因此，甲在见义勇为中受伤，且受到了相关部门的表彰，其受伤的行为应当视同工伤。

见义勇为不仅是对个人英勇行为的肯定，更是对社会道德和正义精神的弘扬。它对于提升社会风气、保护他人安全、提升个人价值、促进社会和谐、推动法治建设以及培养公民责任感等方面都具有重要意义。见义勇为致残一般可以获得以下保障：

1. 医疗救助保障。见义勇为致残的人可以享受医疗救助，包括住院费用、手术费用、药物费用等的补助或报销。这一保障适用于见义勇为事故发生后的治疗费用。

2.经济补偿。见义勇为致残的人有权获得一定的经济补偿，包括一次性补助金、抚恤金、生活补贴等。具体补偿标准根据地方政府的规定而有所不同。《民法典》第183条规定，因保护他人民事权益使自己受到损害的，由侵权人承担民事责任，受益人可以给予适当补偿。没有侵权人、侵权人逃逸或者无力承担民事责任，受害人请求补偿的，受益人应当给予适当补偿。

3.康复和教育支持。见义勇为致残后，可以获得康复和教育的支持。政府会提供必要的康复治疗和康复设备，并根据需要提供职业培训和教育支持。

4.就业保障。见义勇为负伤致残人员，其健康状况不适合在原岗位工作的，用人单位应当为其调换适合的工作岗位；非因法定事由，用人单位不得解除劳动关系。国家和社会为见义勇为致残的人提供就业帮助，鼓励雇用见义勇为致残的人，并提供相应的职业培训。

5.公共服务优先权。见义勇为致残的人享有公共服务的优先权，包括教育、医疗、交通、文化等方面的服务。例如，对符合条件的见义勇为人员家庭，应当优先配租、配售保障性住房或发放住房租赁补贴；对符合农村危房改造条件的，应当给予优先安排。

我国众多地区均建立了对见义勇为行为的政策支持体系，充分认可并高度赞扬这一英勇无私的举动。上述特别保障措施旨在对见义勇为致残的人给予应有的关怀和支持，帮助他们进行康复和重返社会。具体的保障措施和标准可能因地区和具体政策而有所不同，建议咨询当地相关部门和机构以获取准确信息。

## 六、残疾人社会保障

## 第68问

## 对残疾军人主要有哪些抚恤政策？

根据《军人抚恤优待条例》的规定，军人残疾抚恤主要政策如下。

残疾军人享受残疾抚恤金，并可以按照规定享受供养待遇、护理费等。

军人残疾，符合下列情形之一的，认定为因战致残：（1）对敌作战负伤致残的；（2）因执行任务遭敌人或者犯罪分子伤害致残，或者被俘、被捕后不屈遭敌人伤害或者被折磨致残的；（3）为抢救和保护国家财产、集体财产、公民生命财产或者执行反恐怖任务和处置突发事件致残的；（4）因执行军事演习、战备航行飞行、空降和导弹发射训练、试航试飞任务以及参加武器装备科研试验致残的；（5）在执行外交任务或者国家派遣的对外援助、维持国际和平任务中致残的；（6）其他因战致残的。军人残疾，符合下列情形之一的，认定为因公致残：（1）在执行任务中、工作岗位上或者在上下班途中，由于意外事件致残的；（2）因患职业病致残的；（3）在执行任务中或者在工作岗位上突发疾病受伤致残的；（4）其他因公致残的。义务兵和初级军士除前述情形以外，因其他疾病导致残疾的，认定为因病致残。

因战、因公致残，残疾等级被评定为一级至十级的，享受抚恤；因病致残，残疾等级被评定为一级至六级的，享受抚恤。评定残疾等级的，从批准当月起发给残疾抚恤金。

残疾军人的抚恤金标准应当参照上一年度全国城镇单位就业人员年平均工资水平确定。对领取残疾抚恤金后生活仍有特殊困难的残疾军人，县级以上地方人民政府可以增发抚恤金或者采取其他方式予以困难补助。

六、残疾人社会保障

## 第 69 问

## 对残疾退役军人主要有哪些特殊保障措施？

残疾退役军人为国家的国防和军队建设作出了重要贡献，甚至付出了身体的代价。对他们给予特殊保障，是对他们牺牲奉献的肯定和回报。同时，残疾退役军人在退役后面临着诸多挑战，如就业困难、生活不便等。通过特殊保障措施，可以在一定程度上弥补他们因残疾带来的劣势，促进社会的公平正义。

根据《退役军人保障法》的规定，对残疾退役军人主要有以下特殊保障措施：

服现役期间因战、因公、因病致残被评定残疾等级和退役后补评或者重新评定残疾等级的残疾退役军人，有劳动能力和就业意愿的，优先享受国家规定的残疾人就业优惠政策。

军队医疗机构、公立医疗机构应当为退役军人就医提供优待服务，并对参战退役军人、残疾退役军人给予优惠。

县级以上人民政府加强优抚医院、光荣院建设，充分利用现有医疗和养老服务资源，收治或者集中供养孤老、生活不能自理的退役军人。各类社会福利机构应当优先接收老年退役军人和残疾退役军人。

残疾退役军人依法享受抚恤。残疾退役军人按照残疾等级享受残疾抚恤金，标准由国务院退役军人工作主管部门会同国务院财政部门综合考虑国家经济社会发展水平、消费物价水平、全国城镇单位就业人员工资水平、国家财力情况等因素确定。残疾抚恤金由县级人民政府退役军人工作主管部门发放。

除上述保障措施外，关于退役残疾军人残疾抚恤金的领取，可参考《军人抚恤优待条例》的规定。

# 七、无障碍环境建设

### 拓展延伸

无障碍环境建设是一项普惠性、通用性、必要性的重大民生工程。现在的无障碍环境建设总体水平与经济建设和社会发展还不相适应，无障碍环境建设面临许多亟待解决的困难和问题。比如，我国无障碍设施的供需矛盾日益凸显，老旧无障碍设施亟须改造和依法使用、管理、维护，无障碍环境有关法规制度强制性约束力不够等，难以满足迅猛发展的无障碍环境建设新形势；社会无障碍自觉意识和融入度还有待提高；通用设计规范标准实施产品技术研发，应用信息交流无障碍服务、居家环境改造等诸多迫切问题，都需要加大力度推进解决。无障碍环境多元化、系统化、精细化程度与人民群众日益增长的美好生活需求之间还有差距。

## 七、无障碍环境建设

## 第70问

## 什么是无障碍环境？

无障碍环境指的是能够满足各类人群，包括残疾人在内的特殊需求，使其能够自主、方便、安全地进入和使用建筑物、交通设施、公共场所以及信息和通信技术等的环境。无障碍环境的目标是消除或减少因身体、感知或认知功能障碍而导致的不便和障碍，促进社会的包容性和公平性。

无障碍环境的特点包括以下几个方面。

1.可达性。无障碍环境应该能够方便地到达和使用，包括建筑物的入口、通道、楼梯、电梯、斜坡等，如无障碍通道、轮椅坡道等。

2.可用性。无障碍环境应该能够满足各类人群的使用需求，包括残疾人的轮椅通行、视觉障碍者的导航和感知、听觉障碍者的沟通等。

3.安全性：无障碍环境应该提供安全的使用条件，包括防滑、防摔、防碰撞等安全措施，以及紧急疏散设施和应急求救系统。

4.信息可获得性。无障碍环境应该提供易于理解和获取的信息，包括标识、指示牌、说明文字、语音提示等，以便残疾人能够获得所需的信息。

七、无障碍环境建设

## 第 71 问

## 无障碍设施建设主要有哪些要求？

无障碍设施建设需重点关注以下方面。

新建、改建、扩建的居住建筑、居住区、公共建筑、公共场所、交通运输设施、城乡道路等，应当符合无障碍设施工程建设标准。无障碍设施应当与主体工程同步规划、同步设计、同步施工、同步验收、同步交付使用，并与周边的无障碍设施有效衔接、实现贯通。无障碍设施应当设置符合标准的无障碍标识，并纳入周边环境或者建筑物内部的引导标识系统。

对既有的不符合无障碍设施工程建设标准的居住建筑、居住区、公共建筑、公共场所、交通运输设施、城乡道路等，县级以上人民政府应当根据实际情况，制订有针对性的无障碍设施改造计划并组织实施。无障碍设施改造由所有权人或者管理人负责。所有权人、管理人和使用人之间约定改造责任的，由约定的责任人负责。不具备无障碍设施改造条件的，责任人应当采取必要的替代性措施。

残疾人集中就业单位应当按照有关标准和要求，建设和改造无障碍设施。国家鼓励和支持用人单位开展就业场所无障碍设施建设和改造，为残疾人职工提供必要的劳动条件和便利。

新建、改建、扩建公共建筑、公共场所、交通运输设施以及居住区的公共服务设施，应当按照无障碍设施工程建设标准，配套建设无障碍设施；既有的上述建筑、场所和设施不符合无障碍设施工程建设标准的，应当进行必要的改造。

新建、改建、扩建和具备改造条件的城市主干路、主要商业区和大型居住区的人行天桥和人行地下通道，应当按照无障碍设施工程建设标准，建设或者改造无障碍设施。城市主干路、主要商业区等无障碍需求比较集中的区域的人行道，应当按照标准设置盲道；城市中心区、残疾人集中就业单位和集中就读学校周边的人行横道的交通信号设施，应当按照标准安装过街音响提示装置。

停车场应当按照无障碍设施工程建设标准，设置无障碍停车位，并设置显著标志标识。无障碍停车位优先供肢体残疾人驾驶或者乘坐的机动车使用。优先使用无障碍停车位的，应当在显著位置放置残疾人车辆专用标志或者提供残疾人证。在无障碍停车位充足的情况下，其他行动不便的残疾人、老年人、孕妇、婴幼儿等驾驶或者乘坐的机动车也可以使用。

七、无障碍环境建设

## 第 72 问

## 无障碍信息交流主要有哪些要求？

无障碍信息交流需重点关注以下方面。

各级人民政府及其有关部门应当为残疾人获取公共信息提供便利；发布涉及自然灾害、事故灾难、公共卫生事件、社会安全事件等突发事件信息时，条件具备的同步采取语音、大字、盲文、手语等无障碍信息交流方式。

利用财政资金设立的电视台应当在播出电视节目时配备同步字幕，条件具备的每天至少播放一次配播手语的新闻节目，并逐步扩大配播手语的节目范围。国家鼓励公开出版发行的影视类录像制品、网络视频节目加配字幕、手语或者口述音轨。

国家鼓励公开出版发行的图书、报刊配备有声、大字、盲文、电子等无障碍格式版本，方便残疾人阅读。国家鼓励教材编写、出版单位根据不同教育阶段实际，编写、出版盲文版、低视力版教学用书，满足盲人和其他有视力障碍的学生的学习需求。

利用财政资金建立的互联网网站、服务平台、移动互联网应用程序，应当逐步符合无障碍网站设计标准和国家信息无障碍标准。国家鼓励新闻资讯、社交通讯、生活购物、医疗健康、金融服务、学习教育、交通出行等领域的互联网网站、移动互联网应用程序，逐步符合无障碍网站设计标准和国家信息无障碍标准。国家鼓励地图导航定位产品逐步完善无障碍设施的标识和无障碍出行路线导航功能。

音视频以及多媒体设备、移动智能终端设备、电信终端设备制造者提供的产品，应当逐步具备语音、大字等无障碍功能。银行、医院、城市轨道交通车站、民用运输机场航站区、客运站、客运码头、大型景区等的自助公共服务终端设备，应当具备语音、大字、盲文等无障碍功能。

电信业务经营者提供基础电信服务时，应当为残疾人提供必要的语音、大字信息服务或者人工服务。

政务服务便民热线和报警求助、消防应急、交通事故、医疗急救等紧急呼叫系统，应当逐步具备语音、大字、盲文、一键呼叫等无障碍功能。

提供公共文化服务的图书馆、博物馆、文化馆、科技馆等应当考虑残疾人的特点，积极创造条件，提供适合其需要的文献信息、无障碍设施设备和服务等。

## 七、无障碍环境建设

## 第 73 问

## 无障碍社会服务主要有哪些要求？

无障碍社会服务需重点关注以下方面。

公共服务场所应当配备必要的无障碍设备和辅助器具，标注指引无障碍设施，为残疾人提供无障碍服务。公共服务场所涉及医疗健康、社会保障、金融业务、生活缴费等服务事项的，应当保留现场指导、人工办理等传统服务方式。

行政服务机构、社区服务机构以及供水、供电、供气、供热等公共服务机构，应当设置低位服务台或者无障碍服务窗口，配备电子信息显示屏、手写板、语音提示等设备，为残疾人提供无障碍服务。

司法机关、仲裁机构、法律援助机构应当依法为残疾人参加诉讼、仲裁活动和获得法律援助提供无障碍服务。国家鼓励律师事务所、公证机构、司法鉴定机构、基层法律服务所等法律服务机构，结合所提供的服务内容提供无障碍服务。

交通运输设施和公共交通运输工具的运营单位应当根据各类运输方式的服务特点，结合设施设备条件和所提供的服务内容，为残疾人设置无障碍服务窗口、专用等候区域、绿色通道和优先坐席，提供辅助器具、咨询引导、字幕报站、语音提示、预约定制等无障碍服务。

教育行政部门和教育机构应当加强教育场所的无障碍环境建设，为有残疾的师生、员工提供无障碍服务。国家举办的教育考试、职业资格考试、技术技能考试、招录招聘考试以及各类学校组织的统一考试，应当为有残疾的考生提供便利服务。

医疗卫生机构应当结合所提供的服务内容，为残疾人就医提供便利。与残疾人相关的服务机构应当配备无障碍设备，在生活照料、康复护理等方面提供无障碍服务。

国家鼓励文化、旅游、体育、金融、邮政、电信、交通、商业、餐饮、住宿、物业管理等服务场所结合所提供的服务内容，为残疾人提供辅助器具、咨询引导等无障碍服务。国家鼓励邮政、快递企业为行动不便的残疾人提供上门收寄服务。

公共场所经营管理单位、交通运输设施和公共交通运输工具的运营单位应当为残疾人携带导盲犬、导听犬、辅助犬等服务犬提供便利。残疾人携带服务犬出入公共场所、使用交通运输设施和公共交通运输工具的，应当遵守国家有关规定，为服务犬佩戴明显识别装备，并采取必要的防护措施。

七、无障碍环境建设

## 第74问

## 无障碍环境建设应当采取哪些保障措施？

无障碍环境建设应当采取的保障措施主要有以下方面。

国家开展无障碍环境理念的宣传教育，普及无障碍环境知识，传播无障碍环境文化，提升全社会的无障碍环境意识。新闻媒体应当积极开展无障碍环境建设方面的公益宣传。

国家推广通用设计理念，建立健全国家标准、行业标准、地方标准，鼓励发展具有引领性的团体标准、企业标准，加强标准之间的衔接配合，构建无障碍环境建设标准体系。地方结合本地实际制定的地方标准不得低于国家标准的相关技术要求。

制定或者修改涉及无障碍环境建设的标准，应当征求残疾人、老年人代表以及残疾人联合会、老龄协会等组织的意见。残疾人联合会、老龄协会等组织可以依法提出制定或者修改无障碍环境建设标准的建议。

国家建立健全无障碍设计、设施、产品、服务的认证和无障碍信息的评测制度，并推动结果采信应用。

国家通过经费支持、政府采购、税收优惠等方式，促进新科技成果在无障碍环境建设中的运用，鼓励无障碍技术、产品和服务的研发、生产、应用和推广，支持无障碍设施、信息和服务的融合发展。

国家建立无障碍环境建设相关领域人才培养机制。国家鼓励高等学校、中等职业学校等开设无障碍环境建设相关专业和课程，开展无障碍环境建设理论研究、国际交流和实践活动。建筑、交通运输、计算机科学与技术等相关学科专业应当增加无障碍环境建设的教学和实践内容，相关领域职业资格、继续教育以及其他培训的考试内容应当包括无障碍环境建设知识。

国家鼓励机关、企业事业单位、社会团体以及其他社会组织，对工作人员进行无障碍服务知识与技能培训。

文明城市、文明村镇、文明单位、文明社区、文明校园等创建活动，应当将无障碍环境建设情况作为重要内容。

七、无障碍环境建设

## 第 75 问

## 盲人携带导盲犬出入公共场所，有哪些具体规定？

**案例：** 李先生是视障人士，受邀参与一项专业培训活动。当他抵达预订的酒店准备办理入住手续时，出示了自己的导盲犬证件。然而，酒店前台以酒店规定不允许携带宠物为由，拒绝了他的导盲犬进入，并提出只能将导盲犬寄存在酒店指定的区域。鉴于导盲犬对李先生的日常生活至关重要，他无法接受将导盲犬单独寄存。双方因此陷入僵局，李先生随即联系了残联寻求援助。残联在得知具体情况后，迅速与酒店所在街道及社区的相关工作人员取得联系，并派遣了专门人员前往现场进行协调处理。经过沟通，酒店方面最终向李先生表达了歉意，并允许他携带导盲犬一同入住。

导盲犬是盲人出行、参与社会生活的重要工具，属于工作犬。允许盲人使用导盲犬，允许盲人携带导盲犬出入公共场所和乘坐公共交通工具是保障盲人权利的重要措施，是社会文明进步的重要体现和标志。每年4月的最后一个星期三，是"国际导盲

181

犬日"。除导盲犬外，残疾人的服务犬种类多样，每种服务犬都经过专业的训练，以满足不同残疾人的需求。

《残疾人保障法》第58条规定，盲人携带导盲犬出入公共场所，应当遵守国家有关规定。《无障碍环境建设法》第46条规定，公共场所经营管理单位、交通运输设施和公共交通运输工具的运营单位应当为残疾人携带导盲犬、导听犬、辅助犬等服务犬提供便利。残疾人携带服务犬出入公共场所、使用交通运输设施和公共交通运输工具的，应当遵守国家有关规定，为服务犬佩戴明显识别装备，并采取必要的防护措施。

对于残疾人而言，携带导盲犬、导听犬、辅助犬等服务犬进入公共场所，必须持有合法的残疾证明，并且服务犬需要经过相关部门的认定和登记，确保其经过严格筛选和训练，具备专业的工作能力。残疾人需要独立饲养和管理服务犬，包括喂食、排便、卫生等方面的照顾。残疾人需要确保服务犬的卫生和健康，避免对他人造成不便或危害。残疾人应当训练服务犬在公共场所保持安静、有序的行为，避免服务犬发出嘈杂声音或做出攻击性动作。在必要时，残疾人应当使用服务犬的牵引绳或背带，以确保其安全可控。

对于公共场所经营管理单位、交通运输设施和公共交通运输工具的运营单位（以下统称公共场所）而言，需要做到以下方面：

## 七、无障碍环境建设

一是保障服务犬正常出入。公共场所（如商场、餐厅、医院、公园等）应当接纳残疾人携带服务犬入内，并提供相应的便利和服务。二是提供方便服务犬出入的无障碍设施。公共场所应提供无障碍设施，如无障碍通道、储物柜、饮水设施等，以方便残疾人携带服务犬出入和活动。三是保持卫生，加强管理。公共场所应加强卫生管理，保持清洁和卫生，以提供一个适合残疾人和服务犬活动的环境。四是加强监管。公共场所的经营者和管理者有责任保障残疾人携带服务犬的权益，并提供必要的帮助和支持。

需要注意的是，残疾人携带服务犬进入特定的场所，如飞机、火车、公共汽车，可能还需要事先向相关运营方或机构申报，以便相关机构做好相应安排和准备。

# 第 76 问

## 盲道被占用应该怎么办？

**案例**：甲、乙均为盲人，二人系父子关系，与本村其他农户分离，单独居住在本村某寨的集体所有土地上，与某村某组农户相邻。2003年，二人利用自己的土地和从某村某组调换来的土地修建了一条从某寨经水库大坝通向国道（某寨与外界相通的唯一公路）的便道用于通行。2012年，丁经流转取得某村某组524亩土地用于生产经营，并受某村某组委托在某寨集中修建居民点。居民点修建过程中，甲、乙修建的便道被挖断，致便道尽头与居民点地平面形成约20米高落差，便道现不能通行，也无法恢复。甲、乙起诉请求由某村民委员会、丁等另开通道恢复便道通行，赔偿交通、误工损失5602元。

法院经审理认为，不动产相邻权利人应当按照有利生产、方便生活、团结互助、公平合理原则处理相邻关系，为因通行等必须利用其土地的相邻权利人提供必要的便利。本案中，无论从哪个方向修建机动车便道从某寨至主路，均需经过某村某组的土地，某村某组应当提供土地供甲、乙通行。遂判决某村民委员

## 七、无障碍环境建设

会、丁等从甲、乙原修建便道被挖断处另开通道，修建一条宽3米的便道通向某寨前寨门水泥路，赔偿甲、乙交通、误工等损失费5602元。

本案中，修建居民点是为了改善人民群众的生活条件，有积极意义，但不能以损害他人的合法权益为代价，特别是甲、乙身患残疾，其合法权益更应得到充分保护。

盲道，是在人行道上或其他场所铺设一种固定形态的地面砖，使视觉障碍者产生盲杖触觉及脚感，引导视觉障碍者向前行走和辨认方向以到达目的地的通道。我国一直以来极为重视盲道的建设，这不仅是出于人道主义的关怀，更是为了让盲人朋友在出行的过程中能够多一份安心与保障。盲道，作为城市无障碍设施中不可或缺的一部分，承载着方便视力残疾人出行的重要使命，旨在确保他们能够不受多余设施的阻碍，自由、安全地行走于城市的每一个角落。然而，近些年来，我们却屡屡看到盲道被占用或被阻碍的新闻，这不仅让人痛心疾首，更凸显了我们在无障碍设施建设与维护上的不足。

在日常生活中，如果发现盲道被占用，特别是被机动车占用时，可以立即报告正在执勤的交警部门，或者拨打相关报警电话（如122）进行举报。也可以向驾驶人和车辆户籍所在地公安交管部门进行举报，或者通过网络平台（如交管部门的官方网站或 App）进行举报，举报时拍照留下证据，便于交管部门调查核实。

政府主管部门和社区可以通过电视广告、宣传海报、公益视频、文明传单等多种方式，大力宣传空出人行盲道的重要性，以及占用人行盲道的危害性。提高公众对盲道功能的认识，增强公众遵守交通规则和关爱盲人的意识。

# 八、残疾人一般民事权益保障

### 拓展延伸

纠纷解决系统由诉讼与非诉讼两大类型构成，其中诉讼程序严格，用时长，成本高，对抗性强；非诉讼程序灵活，快捷简便，自治性强。在处理涉残纠纷时，调解作为一种高效、和谐的解决方式，越来越受到重视。调解机构会根据涉残纠纷的实际情况和双方当事人的意愿，灵活运用面对面调解、电话调解、网络调解等多种方式。特别是对于行动不便的残疾人，可以采用远程调解的方式，减轻其出行负担和不便。

八、残疾人一般民事权益保障

# 第77问

## 《民法典》对助残有哪些具体规定？

《民法典》保障残疾人在社会中享有平等的地位和机会，并能够获得相应的支持和保护。

1.保障残疾人的合法权益。《民法典》第1041条第3款规定，保护妇女、未成年人、老年人、残疾人的合法权益。

2.对残疾人的抚养义务。对于不能独立生活的身患残疾的成年子女，父母仍有相应的抚养义务（《民法典》第1067条）。

3.遗产分配。对于缺乏劳动能力又没有生活来源的身患残疾的继承人，分配遗产时，应当予以照顾，为其保留必要的遗产份额（《民法典》第1141条）。

4.放宽收养残疾未成年人的条件。放宽收养残疾未成年人的条件限制，使更多残疾未成年人可以享受家庭的温暖（《民法典》第1100条）。

5.人身损害赔偿。侵害他人造成人身损害的，应当赔偿医疗费、护理费、交通费、营养费、住院伙食补助费等为治疗和康复支出的合理费用，以及因误工减少的收入。造成残疾的，还应当赔偿辅助器具费和残疾赔偿金（《民法典》第1179条）。

6.无障碍设施。建筑物及其附属设施的维修资金可以用于电梯、屋顶、外墙、无障碍设施等共有部分的维修、更新和改造（《民法典》第281条）。

7.赠与合同。依法不得撤销的具有救灾、扶贫、助残等公益、道德义务性质的赠与合同，赠与人在赠与财产的权利转移之前不得撤销赠与，赠与人不交付赠与财产的，受赠人可以请求交付（《民法典》第658条、第660条）。

八、残疾人一般民事权益保障

# 第 78 问

## 残疾人的监护人负有哪些职责？

一般来说，监护人是指代无民事行为能力人或者限制民事行为能力人处分权利及承担义务或责任的人。并非所有残疾人都有监护人，对于无民事行为能力和限制民事行为能力的残疾人，由法律规定哪些人可以作为他们的监护人，代理他们实施民事法律行为。

《民法典》第23条规定，无民事行为能力人、限制民事行为能力人的监护人是其法定代理人。在无民事行为能力人、限制民事行为能力人从事相关民事法律活动时，监护人代理其处分权利或者承担相关义务及责任。

《民法典》第34条规定了监护人的职责。监护人的职责是代理被监护人实施民事法律行为，保护被监护人的人身权利、财产权利以及其他合法权益等。监护人依法履行监护职责产生的权利，受法律保护。监护人不履行监护职责或者侵害被监护人合法权益的，应当承担法律责任。

同时，《民法典》第35条规定了监护人履行职责的原则与要求，即监护人应当按照最有利于被监护人的原则履行监护职责。监护人除为维护被监护人利益外，不得处分被监护人的财产。未成年人的监护人履行监护职责，在作出与被监护人利益有关的决定时，应当根据被监护人的年龄和智力状况，尊重被监护人的真实意愿。成年人的监护人履行监护职责，应当最大程度地尊重被监护人的真实意愿，保障并协助被监护人实施与其智力、精神健康状况相适应的民事法律行为。对被监护人有能力独立处理的事务，监护人不得干涉。

在被监护人对他人实施侵权行为的情况下，《民法典》第1188条明确了监护人的责任，即无民事行为能力人、限制民事行为能力人造成他人损害的，由监护人承担侵权责任。监护人尽到监护职责的，可以减轻其侵权责任。有财产的无民事行为能力人、限制民事行为能力人造成他人损害的，从本人财产中支付赔偿费用；不足部分，由监护人赔偿。

残疾人的监护人应当依法履行法律赋予的监护职责，维护被监护人的合法权益，否则可能需要承担相应的法律责任。

八、残疾人一般民事权益保障

## 第 79 问

## 监护人能私自处分其所监护的残疾人的财产吗？

**案例**：残疾人甲的两名监护人乙与丙出于一己私利签订了调解协议，约定出卖甲个人所有的房产并将所得部分房款归两名监护人所有。法院认为，两名监护人这种私自签订调解协议处分被监护人甲的财产并侵占房款的做法有违亲人的监护职责，是对残疾人财产权的侵害。依照法律规定，监护人除为维护被监护人利益外，不得处分被监护人的财产。故法院驳回监护人乙要求履行调解协议分得出售残疾人甲房屋价款的诉讼请求。

《民法典》第35条第1款规定："监护人应当按照最有利于被监护人的原则履行监护职责。监护人除为维护被监护人利益外，不得处分被监护人的财产。"

首先，监护人应当按照最有利于被监护人的原则履行监护职责。这意味着监护人在处理被监护人的财产时，必须确保这一行为是为了维护被监护人的利益。如果监护人擅自处分被监护人的财产，且不是为了被监护人的利益，那么这一行为是违法的，并可能承担法律责任。

其次，残疾人的法定监护人只有在为了维护被监护人利益的情况下，才能处分被监护人的财产。例如，如果监护人需要出卖被监护人的财产来支付医疗费用或教育费用等，且这些费用是为了被监护人的利益，那么这种行为是合法的。在其他情况下，监护人不得擅自处分被监护人的财产。

最后，如果监护人擅自处分了被监护人的财产，并因此给被监护人造成了损失，那么监护人需要承担赔偿责任。其他有监护资格的人也可以向法院起诉，要求其赔偿损失，并可能撤销其监护资格。

作为残疾人的监护人，必须履行监护职责，维护被监护人的合法权益，禁止虐待和遗弃残疾人。具体应承担的职责主要包括：保护被监护人的身体健康，照顾被监护人的生活，管理和保护被监护人的财产，代理被监护人进行民事活动，对被监护人进行管理和教育，在被监护人的合法权益受到侵害并与人发生民事纠纷时代理其进行诉讼，等等。

## 八、残疾人一般民事权益保障

## 第 80 问

## 残疾人能申请更换监护人吗？

**案例**：甲因患有精神残疾，2020年1月，被其丈夫乙粗暴赶出家门，遂返回娘家，与其父亲丙一起生活。2021年7月，丙以甲被其丈夫遗弃、患病后急于照料为由诉至法院，请求宣告甲为无民事行为能力人，并要求指定其为甲的监护人。人民法院受理后，委托鉴定机构对甲的精神状态及民事行为能力进行司法鉴定，鉴定意见为甲患待分类的其他精神障碍，具有限制民事行为能力。法院生效判决认为，根据《司法鉴定意见书》，甲应为限制民事行为能力人。由于甲的配偶乙存在遗弃以及不履行监护职责等行为，为保障甲的合法权益，指定丙为甲的监护人。

《民法典》第28条规定："无民事行为能力或者限制民事行为能力的成年人，由下列有监护能力的人按顺序担任监护人：（一）配偶；（二）父母、子女；（三）其他近亲属；（四）其他愿意担任监护人的个人或者组织，但是须经被监护人住所地的居民委员会、村民委员会或者民政部门同意。"第36条第1款规定："监护人有下列情形之一的，人民法院根据有关个人或者组织的申请，撤销其监护人资格，安排必要的临时监护措施，并按照最有利于被监护人的原则依法指定监护人：（一）实施严重损害被监护人身心健康的行为；（二）怠于履行监护职责，或者无法履行监护职责且拒绝将监护职责部分或者全部委托给他人，导致被监护人处于危困状态；（三）实施严重侵害被监护人合法权益的其他行为。"

  对于患有精神疾病的残疾人，其家庭成员应给予更多照顾和关爱。本案中，法院坚持最有利于被监护人的原则，综合考量被监护人的主要照料人员、自身意愿及其配偶存在遗弃行为等情形，依法指定其父亲担任监护人，切实保障了残疾人的身心健康与合法权益。

八、残疾人一般民事权益保障

# 第 81 问

## 残疾人被他人冒充签署合同应当怎么办？

**案例**：甲为精神残疾二级，经鉴定为限制民事行为能力人，长期由亲戚照料起居，仅依靠国家发放的最低生活保障（以下简称低保）生活。某日，甲的低保待遇突然被取消，经向相关部门了解，是其堂兄乙为逃避债务，在甲及其监护人不知情的情况下，以甲的名义与A公司股东丙签订股权转让合同，将负债累累的A公司的全部股权转让给甲，使其成为A公司100%控股自然人股东，从而丧失了享受低保待遇的资格。如要恢复甲的低保待遇，须撤销其股东身份，但乙已不知所终，A公司原股东丙也不配合办理股权变更手续。

《民法典》第22条规定："不能完全辨认自己行为的成年人为限制民事行为能力人，实施民事法律行为由其法定代理人代理或者经其法定代理人同意、追认；但是，可以独立实施纯获利益的民事法律行为或者与其智力、精神健康状况相适应的民事法律行为。"

本案中，甲为限制民事行为能力人，乙以其名义签订的股权转让合同，与其民事行为能力及智力、精神状况不相适应，且未经甲的法定代理人同意、追认，因此该合同应属于无效。甲的监护人作为其法定代理人，可以诉至法院，请求确认股权转让合同无效，并撤销甲的股东身份。一旦股权转让合同被依法撤销，甲将不再是A公司的股东，从而符合享受低保待遇的条件。此时，应当及时向相关部门申请恢复甲的低保待遇。对于导致甲丧失低保待遇的相关责任人（如乙和丙），应当依法追究其责任，要求他们赔偿甲因此遭受的损失等。

八、残疾人一般民事权益保障

## 第 82 问

## 残疾人姓名被盗用，导致无法享受残疾人待遇该怎么办？

**案例**：甲系听力一级、言语一级多重残疾人，享受农村五保供养待遇。2018年，A公司与乙签订制作冰灯协议，约定由乙为其制作冰灯4组。2019年，乙承包的工程完工，A公司告知乙以工人工资的形式结算工程款。因乙雇用的工人工资不能达到工程款数额，乙便盗用甲身份信息，冒充自己雇用的工人。后A公司做工资账目时，使用了甲的身份信息，同时向税务部门进行了个人所得税明细申报。2019年，民政部门对城乡低保人员复审工作期间，发现甲收入超标，于2019年7月开始终止对甲的特困人员救助供养。甲以侵害姓名权为由，起诉请求A公司、乙赔偿损失。

随着个人信息领域的立法完善，社会普遍提高了对个人信息的保护力度。残疾人作为社会公众中的一员，其姓名作为个人信息的重要组成部分，是个体区分的主要标志，承载着经济意义和社会意义。侵犯残疾人个人信息的行为应当承担相应的法律责任。

《民法典》第1012条规定："自然人享有姓名权，有权依法决定、使用、变更或者许可他人使用自己的姓名,但是不得违背公序良俗。"第1014条规定:"任何组织或者个人不得以干涉、盗用、假冒等方式侵害他人的姓名权或者名称权。"本案中,乙未经甲同意,私自盗用其身份证复印件,A公司做工资账目时,使用了甲的身份信息,并用作纳税申报,导致民政部门终止对甲的特困人员救助供养。对因此给甲造成的损失,A公司、乙应当承担赔偿责任。

残疾人的个人信息被盗用导致无法享受残疾人待遇的,可以采取以下措施:

1.立即报警。发现个人信息被盗用后,应立即向当地公安机关报案,说明具体情况,并提供相关证据。注意保存好报案回执单。

2.向相关部门反映情况。向当地残疾人联合会或民政部门反映个人信息被盗用的情况,请求协助解决,并申请恢复应享受的残疾人待遇。

3.向法院提起诉讼。如果造成了实际的经济损失,可以向法院提起诉讼,要求盗用人承担相应的法律责任。

4.加强个人信息保护。残疾人应提高个人信息保护意识,避免将个人信息随意泄露给陌生人或在不安全的网络环境下使用。定期检查个人信息的使用情况,如发现异常应及时采取措施。

# 八、残疾人一般民事权益保障

## 第83问

## 残疾人的父母能随意干预残疾子女的婚姻吗？

**案例**：甲系智残等级为二级的残疾人，后与乙登记结婚。在甲怀孕后，甲的父亲丙担心有遗传风险，未获甲、乙同意要求甲流产，且又有房屋拆迁利益分配问题等原因，导致甲、乙与丙的矛盾日益加深。丙遂以甲的法定代理人身份向人民法院提起离婚诉讼。人民法院在听取各方当事人及相关证人意见，走访社区居委会、婚姻登记管理所、计生委了解相关情况的基础上，认定甲虽有智力残疾，但与乙在婚后共同生活期间夫妻关系和睦，并无感情破裂迹象，本着尊重和保护无民事行为能力人权益的考虑，依法驳回了甲父亲提出的离婚诉讼请求。

法定代理人或监护人的职责主要是保护被监护人的人身和财产安全，代理被监护人实施民事法律行为。这并不意味着法定代理人可以随意干涉残疾子女的个人生活，特别是在涉及婚姻关系这样敏感的问题上。尽管甲是智力残疾人士，但她同样享有结婚和维持婚姻的权利。只要她具备维持结婚的意愿，并且双方的婚姻关系是基于自愿和平等的基础上建立的，那么这种婚姻关系就

201

应当受到法律的保护。

家庭是社会的基本单位，家庭和谐对于个人的幸福和社会的稳定都至关重要。维护残疾人婚姻权利是残疾人权益保障的重要内容，判决残疾人离婚与否，将会对该残疾人今后生活产生重大影响，人民法院对残疾人与其配偶之间婚姻关系是否破裂的认定要严格遵照法律规定，更加慎重。在涉及智力残疾人的离婚诉讼中，法院通常会考虑以下因素。

1.残疾人的民事行为能力。法院需要确定智力残疾人是否具有完全民事行为能力、限制民事行为能力或无民事行为能力。这通常需要通过特别程序来认定。

2.监护人的指定与参与。如果智力残疾人被认定为无民事行为能力或限制民事行为能力，法院会指定监护人参与诉讼。监护人将代表智力残疾人行使诉讼权利。

3.残疾人的意愿和感受。法院会尽量了解智力残疾人的意愿和感受，尽管他们可能不能完全理解离婚的含义和后果。

4.夫妻关系的现状。法院会评估夫妻双方的关系，包括感情是否确已破裂，是否有和解的可能。

5.残疾人的权益保护。法院会本着尊重和保护智力残疾人权益的原则，考虑离婚对他们生活的影响，特别是生活保障和心理健康。

6.离婚的原因和理由。法院会审查提出离婚一方的理由,包括是否存在家庭暴力、虐待、遗弃等严重损害智力残疾人权益的行为。

7.证据的收集和评估。法院会评估所有相关证据,包括残疾证明、医疗记录、社区和家庭的证人证言等,以确定案件的事实基础。

8.社会和家庭支持。法院可能会考虑智力残疾人在家庭和社会中获得的支持程度,以及离婚后他们能否获得适当的照顾和支持。

9.子女的福祉。如果智力残疾人有子女,法院会考虑子女的最佳利益,包括子女的抚养权和探视权问题。

## 第 84 问

## 残疾人遭受家庭暴力应当怎么办？

**案例：** 甲因工伤致二级残疾，其与乙结婚多年，乙因其残疾经常为生活琐碎之事对甲实施暴力行为。甲、乙有一次因钱财问题发生了口角，乙再次使用棍子等工具对甲进行殴打，甲不堪其暴力，选择报警。医院诊断甲身上有多处挫伤，法医鉴定其为轻微伤。公安机关根据相关规定给予乙行政拘留5日的行政处罚。

家庭暴力，是指家庭成员之间以殴打、捆绑、残害、限制人身自由以及经常性谩骂、恐吓等方式实施的身体、精神等侵害行为。《民法典》第1042条第3款第1句规定："禁止家庭暴力。"《反家庭暴力法》第5条第3款规定："未成年人、老年人、残疾人、孕期和哺乳期的妇女、重病患者遭受家庭暴力的，应当给予特殊保护。"

根据《反家庭暴力法》的规定，家庭暴力受害人及其法定代理人、近亲属可以向加害人或者受害人所在单位、居民委员会、村民委员会、妇女联合会、残疾人联合会等单位投诉、反映或者求助。有关单位接到家庭暴力投诉、反映或者求助后，应当给予

## 八、残疾人一般民事权益保障

帮助、处理。家庭暴力受害人及其法定代理人、近亲属也可以向公安机关报案或者依法向人民法院起诉。当事人因遭受家庭暴力或者面临家庭暴力的现实危险,向人民法院申请人身安全保护令的,人民法院应当受理。人民法院受理申请后,应当在72小时内作出人身安全保护令或者驳回申请;情况紧急的,应当在24小时内作出。人身安全保护令可以包括下列措施:(1)禁止被申请人实施家庭暴力;(2)禁止被申请人骚扰、跟踪、接触申请人及其相关近亲属;(3)责令被申请人迁出申请人住所;(4)保护申请人人身安全的其他措施。加害人实施家庭暴力,构成违反治安管理行为的,依法给予治安管理处罚;构成犯罪的,依法追究刑事责任。

本案中,甲在报警后可以向法院申请人身安全保护令。如果乙违反人身安全保护令,构成犯罪的,依法追究刑事责任;尚不构成犯罪的,人民法院将给予训诫,并可以根据情节轻重处以1000元以下罚款、15日以下拘留。

## 第85问

## 残疾人将子女送养的要求是什么？

《民法典》第1058条规定："夫妻双方平等享有对未成年子女抚养、教育和保护的权利，共同承担对未成年子女抚养、教育和保护的义务。"我国法律不允许父母放弃对未成年子女的监护权，但是，有特殊困难无力抚养子女的生父母可以将未成年人送养。另外，未成年人的父母均不具备完全民事行为能力且可能严重危害该未成年人的，该未成年人的监护人可以将其送养。

对于生父母有特殊困难无力抚养子女的情形，根据《民政部关于规范生父母有特殊困难无力抚养的子女和社会散居孤儿收养工作的意见》的规定，生父母有重特大疾病，重度残疾，被判处有期徒刑、无期徒刑或者死刑的，可以认定为有特殊困难无力抚养。生父母确因其他客观原因无力抚养子女的，也可以送养。

关于送养的要求，《中国公民收养子女登记办法》第7条规定："送养人应当向收养登记机关提交下列证件和证明材料：（一）送养人的居民户口簿和居民身份证（组织作监护人的，提交其负责人的身份证件）；（二）民法典规定送养时应当征得其他有抚养义务的人同意的，并提交其他有抚养义务的人同意送养的书面意见。社会福利机构为送养人的，并应当提交弃婴、儿童进入社会福利机构的原始记录，公安机关出具的捡拾弃婴、儿童报案的证明，或者孤儿的生父母死亡或者宣告死亡的证明。监护人为送养人的，并应当提交实际承担监护责任的证明，孤儿的父母死亡或者宣告死亡的证明，或者被收养人生父母无完全民事行为能力并对被收养人有严重危害的证明。生父母为送养人，有特殊困难无力抚养子女的，还应当提交送养人有特殊困难的声明；因丧偶或者一方下落不明由单方送养的，还应当提交配偶死亡或者下落不明的证明。对送养人有特殊困难的声明，登记机关可以进行调查核实；子女由三代以内同辈旁系血亲收养的，还应当提交公安机关出具的或者经过公证的与收养人有亲属关系的证明。被收养人是残疾儿童的，并应当提交县级以上医疗机构出具的该儿童的残疾证明。"

## 第 86 问

## 收养残疾未成年人的要求是什么？

《民法典》第1098条规定："收养人应当同时具备下列条件：（一）无子女或者只有一名子女；（二）有抚养、教育和保护被收养人的能力；（三）未患有在医学上认为不应当收养子女的疾病；（四）无不利于被收养人健康成长的违法犯罪记录；（五）年满三十周岁。"第1100条规定："无子女的收养人可以收养两名子女；有子女的收养人只能收养一名子女。收养孤儿、残疾未成年人或者儿童福利机构抚养的查找不到生父母的未成年人，可以不受前款和本法第一千零九十八条第一项规定的限制。"

关于收养的要求，《中国公民收养子女登记办法》第6条规定："收养人应当向收养登记机关提交收养申请书和下列证件、证明材料：（一）收养人的居民户口簿和居民身份证；（二）由收养人所在单位或者村民委员会、居民委员会出具的本人婚姻状况和抚养教育被收养人的能力等情况的证明，以及收养人出具的子女情况声明；（三）县级以上医疗机构出具的未患有在医学上认为不应当收养子女的疾病的身体健康检查证明。收养查找不到生父母的弃婴、儿童的，并应当提交收养人经常居住地卫生健康主管部门出具的收养人生育情况证明；其中收养非社会福利机构抚养的查找不到生父母的弃婴、儿童的，收养人应当提交下列证明材料：（一）收养人经常居住地卫生健康主管部门出具的收养人生育情况证明；（二）公安机关出具的捡拾弃婴、儿童报案的证明。收养继子女的，可以只提交居民户口簿、居民身份证和收养人与被收养人生父或者生母结婚的证明。对收养人出具的子女情况声明，登记机关可以进行调查核实。"

## 第87问

## 子女可否因残疾父母未曾尽抚养义务而拒付赡养费？

**案例**：甲与乙早年协议离婚，两人离婚时孩子丙已成年。后来甲患病导致视力四级残疾。甲自称生活不能自理，需保姆照顾，因此向法院起诉要求丙每月向其支付高额赡养费。丙辩称，其父甲并未在自己年幼时履行抚养义务，而且自身承担着抚养下一代等生活压力，生活也不富裕，因此拒绝支付相应赡养费。法院审理后认为，甲作为残疾人士，退休工资较低，不足以支付日常生活和医疗费用，丙作为其子女理应支付赡养费，但综合考虑丙的实际生活状况和能力、参考起诉时本市上一年度城镇居民人均消费性支出标准，最终依法酌定丙支付合理数额的赡养费。

《民法典》第1067条规定："父母不履行抚养义务的，未成年子女或者不能独立生活的成年子女，有要求父母给付抚养费的权利。成年子女不履行赡养义务的，缺乏劳动能力或者生活困难的父母，有要求成年子女给付赡养费的权利。"

赡养父母是中华民族的传统美德，也是子女的法定义务。子

## 八、残疾人一般民事权益保障

女对父母的赡养责任,并不以父母履行了对子女的抚养义务作为对价,也不因父母婚姻关系变化而变化。即使父母因为各种原因未履行对子女的抚养,或者子女自身生活存在一定困难,在父母需要赡养时,子女也不能拒绝。

本案中,甲虽然有基本退休工资,丙也承担着抚养下一代等生活压力,但当甲因病致残,出现缺乏劳动能力或生活困难等情况,提出赡养费要求时,义务人应当履行。此外,子女残疾同样有赡养父母的义务。虽然残疾可能会影响其履行赡养义务的能力,但并不意味着可以免除这一义务。赡养义务不仅包括经济上的支持,还包括生活上的照料和精神上的慰藉。如果成年子女丧失劳动能力且无法履行物质上的赡养义务,父母可以寻求其他方式的赡养支持,如向其他有赡养能力的子女寻求帮助,或者申请社会福利等。

## 第 88 问

## 残疾人在继承遗产时能得到特殊照顾吗？

**案例：** 甲为持证智力残疾人，残疾等级二级，经当地民政局审核，符合农村居民最低生活保障政策有关规定，享受最低生活保障。丙系甲之父，乙系丙的养子。1988年，丙将甲、乙共同居住的房屋翻新重建。1996年因洪水冲毁部分房屋，乙重新建设了牛栏等附属房屋；后又建设厨房、洗澡间各一间，并对房屋进行了修缮。丙去世后，2019年，案涉房屋被列入拆迁范围，乙与某人民政府签订《房屋拆迁安置补偿协议》，乙实际领取拆迁款。对于拆迁款的分配比例，甲、乙产生争议。

一审法院认定，乙作为养子，对丙进行赡养并承担了丙的丧葬事宜。甲享有低保且生活困难，分配遗产时亦应对其进行照顾，酌定乙应向甲支付30%的拆迁补偿款。二审法院认定，甲系智力残疾人，其家庭为享受最低生活保障的特殊家庭。依据"对生活有特殊困难又缺乏劳动能力的继承人，分配遗产时，应当予以照顾"的规定，在确定遗产继承份额时应给予甲特殊照顾及倾斜保护，判决乙应向甲支付50%的拆迁补偿款。

## 八、残疾人一般民事权益保障

《民法典》第1130条规定："同一顺序继承人继承遗产的份额，一般应当均等。对生活有特殊困难又缺乏劳动能力的继承人，分配遗产时，应当予以照顾。对被继承人尽了主要扶养义务或者与被继承人共同生活的继承人，分配遗产时，可以多分。有扶养能力和有扶养条件的继承人，不尽扶养义务的，分配遗产时，应当不分或者少分。继承人协商同意的，也可以不均等。"本案中，一审法院认定乙对被继承人履行了较多的赡养义务，同时对遗产有较大贡献，进而认定其有权继承遗产的70%。从法律层面分析，似乎并无不当。但甲的生活具有特殊困难，符合上述《民法典》关于遗产分配时照顾有困难的特殊人群的规定。鉴于此，二审法院在遗产分配时，从照顾甲生活需要的角度出发，在一审判决的基础上，对遗产分配比例进行了调整，较好地实现了法理与情理的有机统一。

就遗嘱订立及分割遗产而言，《民法典》第1141条规定："遗嘱应当为缺乏劳动能力又没有生活来源的继承人保留必要的遗产份额。"第1159条规定："分割遗产，应当清偿被继承人依法应当缴纳的税款和债务；但是，应当为缺乏劳动能力又没有生活来源的继承人保留必要的遗产。"在遗产继承实际操作中，残疾人需要提供相关的证明材料，如残疾证明、劳动能力鉴定报告等，以证实自身残疾的情况以及生活、劳动能力的受限程度。

需要注意的是,对残疾人的特殊照顾并非绝对,要综合考虑遗产的总量、其他继承人的情况、残疾人的残疾程度、生活状况、与被继承人的关系等多种因素。残疾人如果具备劳动能力且生活不困难,则不能因其残疾而额外获得过多的遗产份额,仍应按照法定继承的规则进行分配。